edition suhrkamp 2464

»Einen Dichter einzuladen, eine Poetikvorlesung zu halten, ist etwa so sinnvoll, wie einen Kannibalen als Ernährungsberater zu engagieren. Am Ende nagt er an Ihren Knochen, in diesem Fall an den Resten Ihres geistigen Stützapparats«, warnte Robert Menasse zu Beginn seiner Poetikvorlesungen im Frühjahr 2005 im legendären Adorno-Hörsaal, in dem »schon lange nicht mehr so wortgewaltig gegen den Kapitalismus gewettert und zum Umsturz aufgerufen wurde«, das Publikum dankte es ihm mit »donnerndem Applaus und stehenden Ovationen« (*Süddeutsche Zeitung*). Vom Zustand der Welt ist die Rede in seinen politischen Brandreden, die weder den globalen Kapitalismus noch die EU-Verfassung, weder den Krieg noch den Terror, weder den 11. September 2001 noch den 11. September 1973, weder Schröder noch Kissinger auslassen. Und die Poetik? Statt »eine Poetik vorzutragen, habe ich einen Roman vorgetragen«, einen »bürgerlichen Rückentwicklungsroman«, schließt Robert Menasse seine politische Poetik über die normative Kraft des Faktischen (die Gesellschaft) und die poetisch begründete Hinfälligkeit alles historischen Soseins.

Robert Menasse
Die Zerstörung der Welt
als Wille und Vorstellung

*Frankfurter
Poetikvorlesungen*

Suhrkamp

5. Auflage 2017

Erste Auflage 2006
edition suhrkamp 2464
© Suhrkamp Verlag Frankfurt am Main 2006
Suhrkamp Taschenbuch Verlag
Alle Rechte vorbehalten, insbesondere das der Übersetzung,
des öffentlichen Vortrags sowie der Übertragung
durch Rundfunk und Fernsehen, auch einzelner Teile.
Kein Teil des Werkes darf in irgendeiner Form
(durch Fotografie, Mikrofilm oder andere Verfahren)
ohne schriftliche Genehmigung des Verlages
reproduziert oder unter Verwendung elektronischer Systeme
verarbeitet, vervielfältigt oder verbreitet werden.
Printed in Germany
Umschlag gestaltet nach einem Konzept
von Willy Fleckhaus und Rolf Staudt
ISBN 978-3-518-12464-2

Inhalt

I
Die Welt, in der ich schreibe
9

II
Die unbeschriebene Welt
33

III
Glaube, Terror – Friede?
59

IV
Plädoyer für die Gewalt
89

V
Die Rettung des Menschen
durch die Zerstörung der Welt
115

I
Die Welt, in der ich schreibe

Sehr geehrte Damen und Herren!

Ich muß Ihnen vorab etwas gestehen:
 Ich bin ein Hochstapler.
 Ich habe zugesagt, eine Poetikvorlesung zu halten, aber ich kann das gar nicht.
 Einen Dichter einzuladen, eine Poetikvorlesung zu halten, ist etwa so sinnvoll, wie einen Kannibalen als Ernährungsberater zu engagieren. Am Ende nagt er an Ihren Knochen, in diesem Fall an den Resten Ihres geistigen Stützapparats. Jeder Dichter glaubt, sehr gute Gründe dafür zu haben, warum er so schreibt, wie er schreibt, und natürlich hat er ein Interesse daran (bzw. kein gegenläufiges Interesse), daß diese Gründe als vernünftige oder gar eherne ästhetische Gesetze anerkannt werden – als Gesetze einer Literaturgeschichte, die folgerichtig zu ihm geführt hat und sich in ihm vollendet. Aber glauben Sie mir: diese Gründe sind nie gut. Weniger als das – sie sind Unsinn.
 Jede Poetik hat grundsätzlich eine fixe Idee: sie will normativ werden. Als normatives Regelwerk der Literatur hebelt sie allerdings einen wesentlichen Daseinsgrund der Literatur aus, nämlich das Neue, das Innovative – literatursoziologisch gesagt: die Möglichkeit, uns in unserer Zeitgenossenschaft beschreiben zu können. Also sind Poetiken grundsätzlich Unsinn. Entwickelt

nun ein Dichter seine eigene Poetik, dann wird es noch grotesker, denn dann hat diese Poetik überhaupt nur ein einziges gelungenes Beispiel, nämlich das Werk dieses Dichters selbst. Könnte er nämlich die Werke anderer Dichter als gelungene Beispiele seiner literarischen Regeln anerkennen, hätte er sich seines eigenen wesentlichen Daseinsgrunds beraubt, nämlich des Anspruchs, das zu schreiben, was nur er schreiben kann.

Aus gutem Grund sind daher schon die längste Zeit Poetiken nicht mehr ernst genommen worden. Nicht zuletzt auch deshalb, weil die Anerkennung einer Poetik Massenarbeitslosigkeit zur Folge hätte: Wovon sollten Literaturverlage, germanistische Institute, Feuilleton-Redaktionen leben, wenn nur noch einige tote und ein lebender Dichter dem Literaturbegriff einer Poetik entsprechen? Deutschland zum Beispiel ist durch die Arbeitslosigkeit als Folge geistloser Politik gestraft genug, um so mehr müssen wir uns vor einer geistreichen Poetik schützen.

In Wahrheit sind ja die sogenannten »guten Gründe« bloß Sinnzuschreibungsversuche für Lebenszufälle. Es verhält sich mit unserer Liebe zur Literatur und unserem Umgang mit ihr im Grunde nicht anders als mit der Liebe überhaupt. Wir lernen immer wieder zufällig Menschen kennen, in die wir uns verlieben, machen manchmal bessere, manchmal schlechtere, manchmal erschütternde Erfahrungen, die wieder neue Sehnsüchte auslösen und zugleich schon präjudizieren, und schließlich haben wir eine Reihe von Marotten und eingeübte Verhaltensstörungen und glauben, so muß es wohl sein. Genauso lesen wir im Lauf unseres

Lebens Bücher – auf die wir zufällig stoßen. Auf manche treffen wir in einem glücklichen, in einem stimmigen Moment, auf manche zur falschen Zeit, mit manchen machen wir also gute Erfahrungen, von anderen trennen wir uns sehr schnell. Doch während noch kein Liebhaber jemals auf den Gedanken gekommen ist, in einer bestimmten Tradition zu lieben, gibt es seltsamerweise viele Dichter, die nach ihren Leseerfahrungen allen Ernstes glauben, in einer bestimmten Tradition zu dichten.

Was Sie in diesen Poetik-Vorlesungen also auf keinen Fall bekommen, ist eine Poetik. Was also soll ich Ihnen erzählen?

Ich brauche Petersilie! Unmengen von Petersilie! Ich kann nicht schreiben, wenn nicht überall in der Wohnung Gläser mit Petersilienbüscheln herumstehen. Allerdings: die krausblättrige oder auch so genannte Zierpetersilie funktioniert überhaupt nicht – allerhöchstens als Placebo, wenn es keine andere gibt. Ich brauche die glattblättrige, hier aber auch nur die Blatt-, und nicht die Wurzelpetersilie. Ich laufe auf und ab, weil ich einfach nicht sitzen kann, wenn ich nicht schreiben kann, und knabbere Petersilie. Dann setze ich mich wieder hin und schreibe zwei Sätze. Dann lesen Sie, wenn Sie es denn tun, ein Buch von mir – und wissen nicht, daß es ein Stoffwechselprodukt von exzessivem Petersilienkonsum ist!

Wollen Sie das wissen? Müssen Sie das wissen? Oder: daß ich nur in der Unterhose schreiben kann? Ich muß mir beim Schreiben alles vom Leib halten, so buchstäblich, daß ich auch Bekleidung nicht ertrage.

Ich laufe also in der Unterhose herum und esse Petersilie.

Verbessern solche Informationen Ihre Zugangsmöglichkeiten zur Literatur? Nicht einmal zu meiner! Was Sie also auch nicht bekommen werden, ist ein sogenannter »Werkstattbericht«. Hüten Sie sich vor jedem Werkstattberichterstatter, vor allem, wenn er abwechselnd an seiner Petersilie und an Ihren Knochen nagt.

Was kann, was will ich Ihnen also vortragen?

Es gibt eine einzige Prämisse der Literaturtheorie, die als Prämisse standhält, also vernünftige Fragen aufwirft, aber selbst nicht mehr hinterfragt werden kann: Das ist die Behauptung, daß alle Literatur – wohlgemerkt: ich spreche von aller Literatur und nicht von allem, was sich so nennt –, daß also alle Literatur ein jeweils in Form und Inhalt gültiger und bleibender Ausdruck der Zeit ist, in der sie entstand. Und wenn das so ist, dann ist es meines Erachtens vernünftiger, sich dies in seiner Arbeit als Dichter bewußtzumachen, diesen Anspruch nach Möglichkeit bewußt zu erfüllen. Aus zwei simplen Gründen: Erstens ist es doch ein wenig menschenangemessener, ein Reflexionsniveau für sich zu beanspruchen, das höher ist als das einer Seidenraupe, die ihre Seide spinnt. Und zweitens weiß man dann wenigstens, woran man scheitert, wenn man den literarischen Erfolg oder die literarische Wirksamkeit nicht für eine Art von Lotto hält, bei der Hunderte oder gar Tausende Seiten noch immer nicht sechs Richtige gebracht haben.

Wenn wir uns darauf einigen können, dann müssen

wir davon allerdings konsequent einen weiteren Anspruch ableiten: Wenn nämlich Dichtung Verdichtung ihrer Zeit ist, dann muß, wenn sie selbst darüber Bewußtsein zu erlangen beansprucht, diese Dichtung in irgendeiner Form auch Intervention sein, eine Art von Trotz gegen die Zeit, von Nicht-Anerkennung der gegebenen gesellschaftlichen Lebensorganisation und ihrer Erscheinungsformen, also Reflexion im buchstäblichen Sinn: Zurück-Spiegeln, Zurückwerfen, und nicht stilles Wiedergeben – zumindest solange wir nicht wieder den Hintereingang zum Paradies gefunden haben. Literatur, und davon will ich Sie zu überzeugen versuchen, hat also mit dem Anspruch zu tun, nicht das Zeitliche zu segnen, sondern die Zeit auszudrücken, bis sie das Zeitliche segnet. Denn wenn ich nur Nicken will, warum soll ich mir die mühsame Arbeit antun, schreibend zu nicken?

Ich will also über unsere Zeit reden, als dem wahren und einzigen Gegen-Stand der Literatur, als dem Objekt und dem Material meiner Literatur, als dem pathetischen Feind meines bewußten Denkens und meiner sinnlich-literarischen Anstrengungen: Wenn mein Werk diese Zeit nicht töten kann, dann soll es sie wenigstens überleben.

Unsere Zeit. Unser Leben. Unsere Lebenszeit. Darüber will ich reden und so meinen literarischen Anspruch vielleicht erklären können. Ich werde über Gott und die Welt reden, mehr über die Welt als über Gott, und damit eine Rekonstruktion der Begriffe Realismus und Engagement zu begründen versuchen, die sich, weil die Zeiten sich eben geändert haben, weit-

und weitergehend unterscheiden von den gleichlautenden Begriffen, die wir literaturtheoretisch geerbt haben.

Dazu muß ich allerdings, bevor ich Sie heillos enttäusche, frustriere oder entsetze, noch etwas vorausschicken: Ich werde Banalitäten sagen. Ich kenne das Geistesleben in Deutschland gut genug, um zu wissen, daß man für Banalitäten sehr rasch verhöhnt wird von Menschen, die nie darüber nachdenken, warum manche Banalitäten, so banal sie sind, noch immer nicht Gemeingut sind. Wären sie Gemeingut, hätten sie recht, aber auch nur dann, wenn sie Gemeingut nicht nur im Feuilleton oder in politischen Sonntagsreden sind, sondern auch in der gesellschaftlichen Praxis. Bis es soweit ist, ist manche Banalität immer noch kühn, ihre Verhöhnung aber dumm.

Ich werde auch Ungeheuerlichkeiten sagen, wissend, daß ich dafür bestraft, skandalisiert werden kann, ebendeshalb, weil es nicht Gemeingut, also banal ist. Und ich werde Dinge sagen, die schlecht formuliert sind, gespreizt oder dunkel klingen, allzu abstrakt, wissend, daß just dies einem Dichter nicht passieren dürfte: unklar zu formulieren. Ich werde es aber tun, wann immer ich es nicht besser, nicht klarer, nicht präziser weiß, also immer dann, wenn das Denken (noch) steckengeblieben ist, bevor es zur klaren Formulierung vorstoßen konnte, also zum Banalen oder zur Ungeheuerlichkeit. Ich tue es, weil ich davon überzeugt bin, daß eine unklare Formulierung, wenn sie eine Denkanstrengung ausdrückt, präziser ist als eine präzise Formulierung, die gedankenlos möglich ist. Und ich werde vielleicht einige Dinge sagen, die unerträglich kompromißlos klingen, während sie, etwas diplomatischer formuliert, auf größere Zustimmung stoßen könnten. Aber ich finde, daß in Anbetracht unserer durchschnittlichen Restlebenszeit diplomatisches Formulieren die achte Todsünde ist. In Wahrheit ist solch diplomatisches Verhalten, das die Wahrheit versteckt, statt sie so gut wie gerade möglich zu zeigen, nichts anderes als eine Technik, um aus Opfern zugleich Mittäter zu machen. Ein Beispiel, gerade jetzt durch den vieldiskutierten Film »Sophie Scholl – Die letzten Tage« aktuell: Sophie Scholl hätte sich, besser gesagt ihr Leben, durch Verstellung retten können. Ruth Klüger hat in einer Besprechung dieses Films geschrieben, daß sie plötzlich den Wunsch gehabt habe, Sophie Scholl möge mitmachen, ihr Leben retten, fast hätte sie es ihr zurufen wollen: »Sei nicht so konsequent! Wir brauchen dich noch!« – – Als wen oder was hätten »wir« sie noch brauchen können? Als eine, die gezeigt hat, daß sie sich ducken, doch mitmachen, irgendwie mitlaufen, sich durchschlängeln und -lügen kann? Als eine, die danach ihren Beitrag zum Wirtschaftswunder leistet, indem sie sich einen Volkswagenkäfer kauft? Gab es davon nicht ohnehin genug? Ruth Klüger hat ihre Erfahrungen, und sie wiegen sicherlich schwerer als meine. Aber schwerere Erfahrungen sind nicht unbedingt wahrer. Tatsächlich war Ruth Klüger sowenig wie ich in einer Situation, die vergleichbar gewesen wäre mit der von Sophie Scholl. Tatsächlich war nicht die Kompromißlosigkeit von Sophie Scholl das Problem (auch nicht ihr Problem), sondern die Tatsache, daß sie mit ihrer Kompromißlosigkeit so alleine war. Hätte nur ein Prozent, ein läppisches Prozent der Bevölkerung diese Kompromißlosigkeit gezeigt, Sophie Scholl hätte wahrscheinlich überlebt – und dann auch leben können, und Tausende, wenn nicht Millionen andere hätten überlebt. So aber sind sie alle, die um ihre Jugend, um ihre Hoffnung, um ihr halbes Leben betrogen worden sind, sie alle, die Todesangst hatten in ihren Schützengräben oder Luftschutzkellern, die gehungert und gefroren haben, die in Gefangenenlagern Sklavenarbeit verrichten mußten usw. usw. – Täter geworden, Täter gewesen.

Was hat das mit Literatur zu tun? Davon später. Was ich vorausschicken wollte, damit zumindest diesbezüglich kein Mißverständnis aufkommt, ist: Ich werde Banalitäten sagen, ich werde Dinge sagen, die unsere Bequemlichkeit, unsere Harmoniesucht, unsere Kompromißbereitschaft, unsere Sehnsucht nach dem Schönen möglicherweise irritiert. Denn auch wenn wir dies alles auf Biegen oder Brechen haben wollen, es stimmt nicht, daß wir es nur verbogen oder gebrochen haben können. Gedanken sind frei, aber es ist eine Karikatur von Freiheit, wenn Gedanken nicht um unsere Befreiung, sondern nur noch um unsere Entlastung kreisen. Ich werde Unausgegorenes sagen und simpel Sehnsüchtiges. Was ich Ihnen also anbiete, ist ein Ei mit einer Schale aus Stein: Ich weiß, da drinnen ist das Leben – aber ich weiß auch: wir werden noch sehr lange darüber brüten müssen – kurz: ich werde über das Leben sprechen, wie es ist: immer noch ein inneres Zucken, ein noch uneingelöstes Versprechen.

Jeder Mensch hat sein Schicksal. Sie nicken? Das ist der erste Skandal.

»Schicksal« ist ein voraufklärerischer Begriff. Sklavenhaltergesellschaft, Feudalismus, Absolutismus, das waren Schicksalsgemeinschaften. Schon bei der Geburt eines Menschen war sein Schicksal besiegelt. Die Aufklärung begann mit zwei Feuerwerken auf diesem dunklen Firmament der Menschheitsgeschichte: mit der Entwicklung einer philosophischen Ethik, die an die Stelle des Schicksals die Vernunft setzte und schließlich zu den Menschenrechten führte, und mit der systematischen Religionskritik, die das Menschengemachte in die Hände der Menschen zurücklegte. Als Gott schließlich unbewiesen in seinem Blute schwamm, war auch das Schicksal tot, eines natürlichen Todes gestorben. Seither lebte der Anspruch, wenn auch oftmals nur dem Anschein nach, daß dem Glücksstreben jedes Einzelnen sich Wege erschließen ließen. Daß er nicht hinnehmen müsse, was ihm bestimmt sei. Daß jederzeit Alternativen aufgetan werden könnten. Das wurde überhaupt die geistige Grundlage der Moderne: das Denken in Alternativen.

Der stärkste Rückschlag in der Geschichte der Moderne, die erste große Transformation von deren Möglichkeiten und Ansprüchen in ihr Gegenteil, die radikalste Restauration von Schicksalsmacht und die Transformation von Aufklärung in Propaganda, war der Nationalsozialismus. Kein Wunder, daß »Schicksal« zu einem der meistverwendeten Begriffe in der NS-Rhetorik wurde. Das Schicksal dieses blinden Schicksalsglaubens ist bekannt. Die Konsequenzen, die daraus gezogen wurden, ebenfalls: Dies sollte nie wieder geschehen dürfen!

Dennoch: ein halbes Jahrhundert später geistert es wieder herum, das Schicksal, geweckt von dem Getöse, das wir für den Lärm der Weltgeschichte halten und das doch nichts anderes ist als das Echo von längst Vergangenem. Denn: der Satz, daß die Zukunft auch nicht mehr ist, was sie einmal war, etwas Lichtvolles, etwas Erstrebenswertes, ist genauso richtig wie das Gegenteil: Die Zukunft ist, was einmal war. Nicht befreiend, sondern befreit von den Lehren, die schon einmal gezogen waren.

Heute gilt es als pragmatisch, eine »Entwicklung« (wer macht sie denn?) mitzumachen, ihre Anforderungen umzusetzen, in ihr seinen Platz zu behaupten, nicht weil sie vernünftig ist, sondern nur weil diese Entwicklung als unaufhaltsam gilt. Als Führungsmacht, als wegweisend, gilt nicht der weitestentwickelte Sozialstaat, nicht der Kontinent der sich vereinigenden Wohlfahrtsstaaten, sondern die Nation mit den höchstentwickelten Waffensystemen. Diese Rückkehr in die Vorkriegsordnung wird als »Ende der Nachkriegsordnung« gefeiert. Allein diese Formulierung, nach all den Erfahrungen aus den großen Kriegen des 20. Jahrhunderts, nach all den Erfolgen auf Grund der Lehren, die schließlich daraus gezogen waren, zeigt, wie die Selbstreflexion in Europa wieder geistig zur Lüge, moralisch zur Heuchelei wurde und wie Pragmatismus nichts anderes mehr ist als blanke Willfährigkeit. Es muß gespart werden – sagen die Reichsten. Das Wachstum muß angekurbelt werden – durch Kürzungen. Der »Standort« muß gesichert werden – durch dessen Verelendung als Lebensort. Die Menschen sollen glücklich sein – indem sie größerem Arbeitsdruck und -leid zustimmen.

Was hier stattfindet, ist die profitable Produktion von Dummheit mit technischer Intelligenz als Mittel. Die Erinnerung ist aus den Köpfen der Menschen abgewandert in die Festplatte, von der jederzeit Sonntagsreden mit dem Titel »Niemals vergessen!« runtergeladen werden können, zu denen jeder gelangweilt nickt, der wieder alternativlos dem Schicksal ausgesetzt ist – so scheint es.

Jeder Mensch hat sein Schicksal. Das sagt sich so leicht. Doch unbedacht bleibt der Skandal, der heute in dieser Feststellung liegt. Wer auf seinem Lebensweg vor Gabelungen, Kreuzungen und erst recht vor dem Dreiweg die Möglichkeit und die Fähigkeit hat, sich zu entscheiden, welchen Weg er gehen will, dessen Leben ist eben nicht schicksals-, sondern selbstbestimmt. Schicksal, das ist das Leben zum Tod, ohne Alternativen. Solange einer, der »Ich« sagt, auch Entscheidungen treffen kann, solange hat er nicht ein »Schicksal«, sondern einfach ein Leben.

Schicksal – das ist unerheblich, solange freie Entscheidungen nicht mit Freiheitsentzug, aufrechter Gang nicht mit Beugehaft, die Demonstration von Lebensvorstellungen nicht mit dem Tod bestraft werden. Die Befürchtung, durch eine Entscheidung aber Einkommen, Ansehen und Einfluß einzubüßen, macht das, was man glaubt tun zu müssen, um Einkommen, Einfluß und Ansehen zu erhalten, nicht schicksalshaft.

Wer »Ich kann nicht anders« sagt, obwohl er nicht nur anders könnte, sondern anders müßte, hat nicht sein eigenes Schicksal bezeichnet, sondern allzuoft das Schicksal anderer besiegelt. Wer ins Gas gehen mußte, hatte ein Schicksal, wer zur Arbeit geht, hat keines.

»Ich kann nicht anders« – dieser Satz hat eine je eigene Bedeutung im Munde Luthers oder Eichmanns.

Schicksal ist grundsätzlich alternativlos, während die Bedingungen unseres Lebens und unserer Arbeit lediglich in ihrer Freiheit mehr oder weniger eingeschränkt sind. Dieser Unterschied läßt einen kleinen, aber ausreichenden Raum für Entscheidungen, die nur, solange wir sie nicht selbstbestimmt treffen, schicksalshaft für uns getroffen werden.

Der emphatische Anspruch der Aufklärung war es ja zunächst nicht, das Schicksal der Menschen zu »verbessern«, sondern, sie von Schicksal zu befreien. Dies ist eigentümlicherweise heute vergessen, seit der Wiederaufbauzeit, als die Trümmer beseitigt, also auch die Trümmer der Aufklärung aufgeräumt wurden, und die Infrastruktur wiederhergestellt, also auch die Ideen der Aufklärung restauriert, nämlich zum Unterrichtsgegenstand wurden, wie das Neolithikum, die Punischen Kriege oder die Renaissance. Und seither hatte auch die Aufklärung einen Makel – sie, die Kriegserklärung gegen die Schicksalshaftigkeit des Lebens, sie hatte nach dem Krieg selbst ein Schicksal – eine Geschichte, die sie nicht wollte, eine Niederlage, die sie nicht abwehren konnte, eine Befreiung, die nur eine Befreiung von den Bedingungen ihrer Notwendigkeit war, aber nicht ihre Befreiung. Immer wieder, ja regelmäßig ist in der Geschichte etwas anders gekommen, als von Menschen geplant. Aber zum ersten Mal in der Geschichte ist es anders gekommen, als Menschen dachten, daß es von der Geschichte selbst geplant war. Deshalb war die Befreiung vom Nazi-Terror nichts anderes als dies: die Befreiung vom Nazi-Terror.

Nach dieser Befreiung waren daher – gegen allen Anschein – die Bedingungen für Freiheit und Selbstbestimmung schlechter als je zuvor: nicht nur theoretisch, wegen des Makels, der nun dem Geist anhaftete, sondern auch praktisch, weil allen nun schon alles als absolute Freiheit erschien, was nicht von absolutem Terror begleitet war.

Damit sind wir zunächst einmal bei Bert Brecht und Erich Fried, Jean Améry und Günter Grass, bei Theodor W. Adorno und Georg Lukács, Jean-Paul Sartre, Albert Camus und all den anderen, die zu den Lehrern meiner Generation wurden. Geprägt von dieser Geschichte, und gebrochen von dieser Geschichte, machten sie die alte Emphase der Aufklärung wieder glaubwürdig, indem sie sie als Quelle selbst ihres Pessimismus verwendeten, indem sie trotzig aufmüpfig wurden auch gegen das Aporetische ihrer eigenen Existenz, indem sie auf den Trümmern des gedemütigten Lebens Überlebensgroßes aufbauten und indem sie die Hoffnung auf die Zukunft durch den gut begründeten Verdacht gegenüber den modernen Wiedergängern der Vergangenheit indirekt wachhielten. Diese Vätergeneration, diese Generation der von uns frei erwählten Väter, wußte, daß wir keine Chance hatten, aber sie gaben uns den Auftrag, sie dennoch zu nutzen. Dies wurde zur Phrase, aber nicht deshalb falsch.

Falsch, wenn auch nicht unwahr, wurde diese Lehre erst nach dem Jahr 1989, als die Welt die zweite große Befreiung erlebte, die sie theoretisch ersehnt, aber praktisch nicht mehr erwartet hatte, die praktisch das Verhängnis eines Jahrhunderts rückgängig, aber dessen Erlösung theoretisch erst recht unmöglich machte.

So problematisch die gespaltene Welt zuvor war, ihr Problem war nicht die Spaltung, sondern die verrottete Alternative, die sie anbot. Aber es war noch eine Welt der Alternative, ein Bastard der Aufklärung, eine entmenschte, also immer noch den Menschen zuschreibbare Realität.

Der in der Philosophie der Aufklärung entwickelte Begriff »Gattung« war der erste Versuch, die Idee wie die Möglichkeit von Globalisierung auf den Begriff zu bringen, und dieser Begriff zeigt zugleich, daß die Idee ausging von den Interessen jener, die es betraf, den Menschen. Der Begriff »Globalisierung« aber machte und macht die »Gattung« zum Opfer einer Freiheit, die die entfesselte Freiheit einer Dingwelt ist, der die Gattung sich zu unterwerfen hat. Freiheit, das war doch Freiheit von Schicksal, der Anspruch auf Selbstbestimmung in Alternativen. Und jetzt sehen wir uns in einer Welt, die befreit ist von zwei globalen Tyranneien, nämlich Faschismus und Stalinismus – und zugleich von der Möglichkeit ihrer Befreiung, weil es eine Welt ist, die keine Alternative zu dieser so deutlich ungenügenden Befreiung mehr kennt.

Globalisierung – dieser Begriff bezeichnet eine Realität, in der es zwar eindeutig Nutznießer und Opfer gibt, aber keine Verantwortlichen, keine Täter zu geben scheint. Was immer politisch entschieden wird, wird entschieden mit dem Gestus, gezwungenermaßen zu administrieren, was eine machtvolle Entwicklung fordert. Deshalb ist das meistverwendete Argument in der Politik heute ein Satz, der das Gegenteil eines aufgeklärten Arguments darstellt, nämlich der Satz: »Dazu (wozu auch immer) gibt es keine Alternative!«

Diese Befreiung von jeglichem Widerspruch befördert in Logik und Anspruch nicht mehr die Befreiung der Gattung, sondern der Dingwelt – die den Menschen immer neue Zwänge auferlegt, Zwänge, die geboten erscheinen, um dieser Entwicklung zu gehorchen. Nicht daß es gesellschaftliche Widersprüche nicht mehr gäbe, aber es gibt sie nicht mehr im Bewußtsein der Handelnden. Der gesellschafts- und geschichtstheoretische Begriff »Widerspruch« ist durch den Begriff »Konkurrenz« ersetzt worden, der aus der alten Wirtschaftstheorie kommt. Aus aufgeklärter Geschichtslogik wurde abgeklärte Unterwerfung unter Systemlogik, nur noch das besitzanzeigende Fürwort »sein« bestimmt das Bewußtsein jedes Konkurrenten.

Globalisierung kennzeichnet heute also eine Realität, die wieder an historischen Automatismus glaubt – befreit allerdings vom einzigen Vernunftgrund aller Theorien oder Vorstellungen von Geschichtslogik: Verrückt, aber als Sehnsucht verständlich, war die Vorstellung, daß Geschichte einen »Sinn« und daher eine innere Logik habe, vernünftig daran war aber die davon abgeleitete Idee eines Geschichtsziels: nämlich daß ein menschenwürdiger und menschenangemessener Weltzustand herstellbar sei. Verrückt war der Glaube, das Leben von Menschen für das Glück kommender Generationen opfern zu müssen, vernünftig war der Anspruch, die Glückseligkeit nicht vom Jenseits zu erhoffen, sondern im Diesseits herstellen zu wollen.

Der Vernunftgrund der von Menschen gemachten verrückten Geschichte ist weggebrochen – darum schwankt der Boden, auf dem wir gehen, darum rudern wir so mit den Armen, daß an aufrechten Gang kaum noch zu denken ist.

Die einzige Geschichte, die für uns kein Kapitel der Vergangenheit, sondern fortwirkende, sozusagen historisch begründete Gegenwart und Zukunft war, das Projekt Moderne, ist Geschichte geworden wie alle Geschichte zuvor. Mit einer noch unerkannten Besonderheit: daß der Fortschritt, der es im einzelnen durchaus war, nicht begriffen sein will als der Rückschritt, der es jetzt im Ganzen ist: Eine Welt ohne Alternative ist als Grundlage unseres Handelns und Denkens eine voraufklärerische Welt, eine Welt, »die unsere Väter nicht kannten« – und das meint etwas qualitativ ganz anderes, als dieser Satz für frühere Väter seit Beginn der Neuzeit bedeutet hat.

Der Anspruch, sich durch Denken in Alternativen vom Glauben an »Schicksal« zu befreien, ist heute alternativlos eine Schicksalsfrage geworden, zur Frage nämlich, ob es noch einmal möglich ist, »die Menschen«, immer mehr Menschen, die Gattung insgesamt vom Glauben an die Schicksalshaftigkeit ihres Tuns zu befreien. Denn: wie vermittelt man eine Alternative, wenn es keine zu geben scheint?

Jeder Mensch hat sein Schicksal. Das war einmal.

Das war vergleichsweise gemütlich, bis Auschwitz. Jetzt muß man sagen: Die Menschheit ganz hat nichts als ein Schicksal. Das ist sehr sehr alt und völlig neu, so post- wie vormodern. Das ist unerhört, weil wir es nie gehört haben von jenen, die uns gesagt haben, es ginge um die Selbstbestimmung der Menschen, also um die Vertreibung des Schicksals aus der Welt.

Was Anspruch zumindest eines Kontinents war, nämlich das Denken in Alternativen, ist weltweit aufgegangen in alternativloser Affirmation, in emphatischer oder grimmiger Zustimmung zu einer Entwicklung, die einfach stattfindet, der wir uns lethargisch oder begeistert unterwerfen, jedenfalls unterwerfen, bei der wir tätig mitmachen oder untätig mitmachen, jedenfalls mitmachen, in der wir unseren Profit oder unser bloßes Überleben suchen, jedenfalls keine Alternative suchen, in der die immer größere technische oder naturwissenschaftliche Beherrschung der Welt die einzige Perspektive ist, jedenfalls die Beherrschung, jedenfalls nicht die soziale Befreiung. Globalisierung, so wie sie heute stattfindet, ist also die technisch perfekte Restauration des Geists der Vorzeit der Neuzeit. Mit einem Unterschied: Heute fügen wir uns in ein Schicksal, das wir, als wir objektiv noch eines hatten, nicht anerkennen wollten.

Als Entschädigung für den Verlust von Selbstbestimmung wird uns Genügsamkeit auf höherem Niveau der Produktivkräfte angeboten – wir haben, scheint es, das Angebot angenommen. Schicksal. Verglichen mit der Zwangsläufigkeit, die der Globalisierung allgemein zugeschrieben wird, war Hegels Weltgeist ein Lufthauch. Aber anders als bei Hegels Weltgeist wissen wir von der Zwangsläufigkeit der Globalisierung nicht, was am Ende stehen soll. Wir wissen nur dies: daß sie nicht so verlogen ist, am Ende »Wohlstand für alle« zu versprechen. In zweihundert Jahren wird es in keinem Winkel der Welt mehr Armut und Elend geben – das verspricht die Globalisierung nicht. Sie erpreßt uns nicht mit Zukunft. Sie erklärt nicht die Notwendigkeit heutigen Leidens mit der Perspektive der Befreiung späterer Generationen, sie erklärt heutiges Leiden gar nicht, sie erpreßt uns mit Gegenwart. Das heißt mit historischer Alternativlosigkeit, Schicksal.

Was haben wir heute, nach der Zerstörung des Schicksals und nach der Zerstörung der Mittel zur Zerstörung des Schicksals, dem globalisierten Schicksal entgegenzusetzen? »Engagement«? Das ist im Weltsupermarkt ein Angebot unter vielen, so partikular wie jedes andere. Steht nicht auf der Verpackung jeder beliebigen Geistesware: »Jetzt NEU! Mit 20% mehr Engagement gratis«? Was immer dieses Engagement bewirken will, es ist ein Teilchen in einem Ganzen, das kein Gegenteil mehr kennt.

Politisches Engagement. Wie lächerlich das wirkt in einer Zeit, in der die Politik selbst vor der Herrschaft des Schicksals abdankt. Politik beschränkt sich heute darin, sich an politische Strukturen zu klammern, aber diese nicht mehr auszufüllen. Wir kennen dies aus der »Sehr-wohl-Eure-Majestät!«-und-Kratzfuß-Zeit. Andererseits: schon der Manchester-Kapitalismus wurde nicht dadurch zivilisiert, daß politische Entscheidungsträger die Kapitalisten submissest fragten, was diese denn benötigen würden, um konkurrenzfähig zu bleiben und den »Standort Manchester« zu sichern, sondern im Gegenteil dadurch, daß die Politik dem Kapital Grenzen setzte und Schritt für Schritt vernünftigere Rahmenbedingungen gab. Hätte man die Kapitalisten gefragt, sie hätten ehrlich und glaubhaft und leider auch vernünftig (nach den Gesetzen ihrer Vernunft) versichert, daß ohne Kinderarbeit und ohne Zwölf-Stunden-Tag gar nichts ginge. Es bedurfte politischer Entscheidungen, und sie mußten gegen mächtige Widerstände getroffen werden – aber sie wurden getroffen: Kinderarbeit wurde verboten, der Acht-Stunden-Tag durchgesetzt. Es war ein Kampf, der Schritt für Schritt buchstäblich Fortschritt produzierte, materiell und geistig. Das notwendige Primat der Politik über die Wirtschaft als Kampf gegen die Herrschaft der Wirtschaft über alle anderen Lebensbereiche war keine Erfindung von Marx, sondern logischer Anspruch des aufgeklärten Denkens insgesamt. Das war die klassische Moderne. Die postfaschistische Moderne hat nicht nur diese einst so nachhaltig gemachte Erfahrung vergessen, sondern dann sogar die Erfahrung des Faschismus selbst.

Als wäre der Faschismus bloß ein geistesgeschichtliches und ein ästhetisches Phänomen gewesen, erweist sich der heutige Antifaschismus bis hin zum staatlichen »Nie-wieder!«-Pathos lediglich in hysterischer Sensibilität gegenüber nostalgisch autoritärem Geist in Verbindung mit einem bestimmten Outfit. Und während wir auf diese platonischen Schatten starren, wird im grellen Licht wiederum faschistische Wirtschafts-,

Sozial- und Gesellschaftspolitik vollzogen: Steuerbefreiung für große Unternehmen und Konzerne, wodurch sozialpolitische Einsparungen notwendig werden, die wiederum aufgefangen werden durch Wiedereinführung von Formen des Arbeitsdiensts. Verstärkte Investition in Rüstung und staatliche, nicht gesellschaftlich konsumierbare Güter, Beschneidung des individuellen Konsums. Rückkehr von der relativen zur absoluten Mehrwertproduktion, Verlängerung der Arbeitszeit und Lohnkürzungen. Herstellung gesellschaftlicher Solidarität durch äußere Bedrohungsszenarien. Preisgabe von Freiheitsrechten unter dem Vorwand von Sicherheitsmaßnahmen. Transformation sozialer Probleme in ästhetische Anforderungen – zum Beispiel Kürzungen im Gesundheitsbereich bei gleichzeitiger Fetischisierung des »schönen Körpers«, der individuell herstellbar sei. Eine dementsprechend geprägte politische Propagandasprache: während soziale Errungenschaften preisgegeben werden, diene jede dementsprechende politische Entscheidung lediglich der Fitness: Wir müssen fit werden für den globalen Konkurrenzkampf, fit werden für die Zukunft, fit werden für die neuen Entwicklungen – und wie das so ist im Fitneß-Studio: Es muß weh tun!

Was hat das mit Literatur zu tun? Nichts. Besser gesagt: noch nichts. Ich mache erst einen kleinen Rundgang, um das Feld abzuschreiten, auf dem, wie die Kühe auf der Weide, die Gründe herumliegen, dieses behäbige, wiederkäuende Leben, die Gründe dafür, warum ich mich überhaupt mit Literatur beschäftigen will, als einer Möglichkeit, mich mit den Bedingungen unseres Lebens auseinanderzusetzen, ohne sie hinzunehmen, und warum ich der Meinung bin, daß wir von Literatur bald nur noch dann sprechen werden können, wenn es gelingt, den von der jüngsten Geschichte dekonstruierten Begriff Engagement zu rekonstruieren.

Engagement, der klassische Anspruch des Bürgers als Citoyen und schließlich nach dessen Verschwinden der Anspruch des aufgeklärten Intellektuellen und Dichters, setzte ein gesellschaftliches Subjekt voraus, dem er sich anschließen, das er befördern, dem er sich untertänig an die Spitze setzen, das er selbstkritisch solidarisch begleiten wollte. Ein gesellschaftliches Subjekt, das sich selbst als Entwurf des Menschen, noch nicht als Bild des Menschen sah und das daher im gesellschaftlichen Ganzen eine Alternative eröffnet sehen wollte zu den gesellschaftlichen Defiziten. Ein gesellschaftliches Subjekt, das bei all seinen unterschiedlichen Ansprüchen ein gemeinsames Bedürfnis hat und anerkennt: das Bedürfnis, das Schicksal zu besiegen, Selbstbestimmung nicht bloß als formale, als uniformierte, sondern als reale, als diversifizierte durchzusetzen und das Leben nicht Göttern, nicht Trends, nicht Entwicklungstendenzen zu überlassen, sondern nur einen Gott, einen Trend, eine Entwicklung anzuerkennen, nämlich das Wachsen der Freiheit in der Vernunft und das Wachsen der Vernunft in der Freiheit.

Dieses gesellschaftliche Subjekt, das die Ansprüche der Aufklärung schon aus innerer gesellschaftlicher Dynamik gar nicht anders als weitertreiben kann und das die engagierten Autoren der Moderne einfach voraussetzten, hat sich als Chimäre erwiesen. Es ist nicht nur im gesellschaftlichen Anschein verschwunden, es ist als Idee auch theoretisch nicht haltbar. Darauf will ich noch zu sprechen kommen. Wenn aber kein aufgeklärtes Menschenbild mehr in eine gesellschaftliche Bewegung übersetzt werden kann, so automatisch, wie die Systemlogik ihre Menschenbilder produziert und gesellschaftlich durchsetzt, dann ist auch der klassische Engagement-Begriff hinfällig geworden, der eben just darauf vertraute: Die Zukunft wächst im Heute, und die Zukunft ist konkret. Tatsächlich aber hat die Zukunft ihre beste Zeit bereits hinter sich, und was uns blüht, ist so abstrakt wie es Systemlogik ohne Widerspruch nur sein kann.

Deshalb ist zwar leicht nachzuvollziehen, aber schwer zu erklären und noch schwerer zu verändern, daß Menschen ja sagen, obwohl sie bei einem Nein keine physische Bedrohung, nicht Folter und Tod zu befürchten hätten. Daß sie funktionieren, weil es ihr Job ist, und sich nicht fragen, worin sie funktionieren. Daß sie bloß hinnehmen, was ihnen bestimmt ist, und durch demonstrative Willfährigkeit zu erreichen suchen, dies Hingenommene behalten zu dürfen. Das ist »moderne« Arbeitswelt bis in die höchsten Etagen.

Das ist Mittelalter mit Steckdosen und Mobiltelefonen. Das ist Vormoderne mit den Supermarktregalen der Postmoderne. Das ist die Welt, in der ich schreibe.

Es gibt also die Voraussetzungen für Engagement nicht mehr, und es gibt offensichtlich auch kein gesellschaftliches Bedürfnis mehr danach.

Die Frage, warum ich lieber trinke und träume, statt zu schreiben, ist damit beantwortet.

Warum ich trotzdem schreibe und wie wir den Begriff Engagement notwendigerweise retten können, das und noch viel mehr erfahren Sie in der nächsten Folge.

II
Die unbeschriebene Welt

Sehr geehrte Damen und Herren!

Ich muß Ihnen heute etwas gestehen:
Ich bin Spinoza!
Keine Angst: Ich leide nicht unter Identifikationswahnsinn, ich glaube auch nicht an Seelenwanderung und Wiedergeburt. Es gibt für den Satz »Ich bin Spinoza« sehr gute sachliche, im philosophischen Sinn materialistische Gründe. Ich bin Spinoza, nicht weil ich unter einem Wahn leide, sondern weil ich auf Rationalität bestehe, ich bin Spinoza nicht aus Anmaßung, sondern aus Notwehr. Der Satz »Ich bin Spinoza« ist bloß eine Chiffre, bezeichnet eine Haltung, die auf eine bis heute exemplarische Weise der Mensch Spinoza vorgelebt hat, der vor rund dreihundertfünfzig Jahren Tränen schliff wie Glas. »Ein toter Hund«, der wie alle Totgesagten länger lebt, auch und erst recht heute.

Über diese Haltung will ich reden, über die Möglichkeit, ja über die Notwendigkeit, Spinozas Haltung zur eigenen zu machen. Das ist heute wieder eine Schicksalsfrage geworden, besser gesagt, eine Möglichkeit, gegen das Schicksal aufzubegehren, jenes seltsam untote Phänomen, das zu besiegen uns der »tote Hund« helfen kann, der bekanntlich als Ketzer von seiner Gemeinde ausgeschlossen wurde.

Ich möchte Ihnen, um zu verdeutlichen, was ich

meine, eine einfache Frage stellen: Wären Sie bereit, der Wahrheit, der Ethik Ihres Handelns, der Freiheit, der gesellschaftlichen Vernunft zuliebe Ihre bequeme gesellschaftliche Anerkennung zu verlieren, Ihren ohnehin unverläßlichen sozialen Kontext zu verlassen, Einkommenseinbußen hinzunehmen? Dann stehen Sie jetzt auf und sagen Sie: »Ich bin Spinoza!«

Keiner steht auf?! Sehen Sie, so ist es! Das ist die Situation, von der wir heute, in der Auseinandersetzung mit unserer Zeitgenossenschaft, ausgehen müssen. Dabei hatte ich Sie auf diese Frage vorbereitet. Ich habe im letzten Vortrag gesagt, daß alles, was wir glauben tun zu müssen, um Einkommen, soziale Sicherheit und Ansehen zu behalten, uns zwar schicksalshaft, weil ohne Alternative erscheinen soll, tatsächlich aber nicht schicksalshaft ist. Vernunftbegründeten Widerspruch zu zeigen ist einfach (auch wenn er zu Situationen führen kann und letztlich auch führen muß, wo er mit Gewalt und Terror beantwortet wird – doch über diese Gewalt will ich in der nächsten Vorlesung sprechen). Zunächst und grundsätzlich aber ist Widerspruch heute gefahrlos möglich, geradezu kindisch einfach, so kindisch und so einfach wie mein Satz »Ich bin Spinoza«, der nur – aber in diesem »nur« steckt genug Notwendigkeit und Bedeutung – strukturell sinnvoll und nicht bloß kindisch ist. Strukturell ist dieser Satz nämlich eine ideale Selbstdefinition unserer Gesellschaft, die geistige Grundierung ihrer Legitimation und unserer Sozialisation, denn so haben wir es doch gelernt: daß die Grundlage unseres Handelns die Vernunft ist, die Voraussetzung dafür unsere Mündigkeit und das Ziel unsere Selbstbestimmung, und daß unsere Gesellschaft die entsprechenden Rahmenbedingungen garantiert, auch gegen Widerstände. Der Satz »Ich bin Spinoza« ist allerdings auch nur dann sinnvoll, wenn seine Implikationen wirklich als Anspruch und nicht bloß als Bildungsgut ernst genommen werden. Deshalb wundert mich, daß ich jetzt auch Herrn Richard Kämmerlings von der FAZ nicht aufstehen sah. Nun hat Herr Kämmerlings allerdings in der vergangenen Woche einen Artikel veröffentlicht, in dem er vorauseilend seine Antwort auf meine Frage bereits gegeben hat. Er ist nicht Spinoza, sondern er ist Richard Kämmerlings. Das ist zunächst ein Unterschied, der etwa so groß ist wie der zwischen Schweißgeruch und einem eleganten Parfum mit der dezenten Moschus-Note des FAZ-Redakteurs. Und Unterschiede, schrieb Kämmerlings, »dürfen nicht eingeebnet« werden, andernfalls fühlt er sich, und das sei nach meinem Vortrag der Fall gewesen, »peinlich berührt«. Was die historischen Unterschiede betrifft, stimme ich Herrn Kämmerlings völlig zu: sie sollen nicht eingeebnet werden. Aber was die »peinliche Berührung« betrifft, bin ich mir nach der Lektüre seines Artikels nicht sicher, ob er wirklich von meinen Thesen peinlich berührt war oder ob es sich nicht vielmehr so verhält, daß er von sich selbst peinlich berührt war, als er den historischen Unterschied begriff und nicht wahrhaben wollte, der zwischen der Haltung (und ich rede jetzt wohlgemerkt nur von der Haltung) des aufgeklärten Spinoza und der des abgeklärten Kämmerlings besteht.

Kämmerlings berichtete, ich hätte in meinem ersten

Vortrag den Unterschied eingeebnet zwischen der historischen Situation, in der Sophie Scholl ihre Kompromißlosigkeit bewies, und unserer Gegenwart, in der ich meine Kompromißlosigkeit gefahrlos behaupte. Das wäre peinlich, das stimmt. Nur: ich habe nichts dergleichen getan oder gesagt. Im Gegenteil, ich habe auf genau diesem Unterschied insistiert, als ich fragte, wieso heute, bei einer zweifellos problematischen »Entwicklung«, so gebückt mitmarschiert wird, obwohl es doch im Unterschied zu faschistischen Systemen so ist, daß »freie Entscheidungen nicht mit Freiheitsentzug, aufrechter Gang nicht mit Beugehaft, die Demonstration von Lebensvorstellungen nicht mit dem Tod bestraft werden«. Das waren meine Worte. Was hat Herrn Kämmerlings peinlich berührt? Meine Frage? Oder die Antwort, die er sich selbst geben müßte?

Er hat berichtet, daß ich in der heutigen Demokratie die »Fratze des Faschismus« wiedererkenne. Wie peinlich. Er hat recht. Es ist peinlich, daß er das geschrieben hat. Denn tatsächlich habe ich etwas anderes gesagt. Ich habe eine statthabende Entwicklung beschrieben, die Symptome dafür zeigt, daß die Erfahrung des Faschismus und die danach gezogenen Lehren heute vergessen werden. Wie sonst wären heute in Europa die folgenden wirtschafts- und sozialpolitischen Entscheidungen, alle faktisch belegbar, möglich: »Steuerbefreiung für große Unternehmen und Konzerne, wodurch sozialpolitische Einsparungen notwendig werden, die wiederum aufgefangen werden durch Wiedereinführung von Formen des Arbeitsdiensts. Verstärkte Investition in Rüstung und staatliche, nicht gesellschaftlich konsumierbare Güter, Beschneidung des individuellen Konsums. Rückkehr von der relativen zur absoluten Mehrwertproduktion, Verlängerung der Arbeitszeit und Lohnkürzungen. Herstellung gesellschaftlicher Solidarität durch äußere Bedrohungsszenarien. Preisgabe von Freiheitsrechten unter dem Vorwand von Sicherheitsmaßnahmen. Transformation sozialer Probleme in ästhetische Anforderungen – zum Beispiel Kürzungen im Gesundheitsbereich bei gleichzeitiger Fetischisierung des schönen Körpers, der individuell herstellbar sei.« Das habe ich gesagt und gefragt, ob uns das nicht bekannt vorkommt.

Sehen Sie den Unterschied? Und sehen Sie, wie Herr Kämmerlings ihn eingeebnet hat?

Er ist deshalb »peinlich berührt« – von mir. Und er behauptet, ich hätte somit »alle mit den Weltläuften Zufriedenen mit den Duckmäusern der Naziherrschaft gleichgesetzt«. Die Zufriedenen! Duckmäuser! Da können die in der Chefetage bei Siemens nur den Kopf schütteln! Denn das kann man über sie wirklich nicht behaupten: daß sie Duckmäuser sind.

Allerdings habe ich das auch nicht behauptet. Ich habe gesagt, daß die sogenannte Globalisierung, so wie sie heute stattfindet, einige wenige Gewinner und sehr viele Verlierer produziert. Ich habe nie daran gezweifelt, daß die Gewinner »mit den Weltläuften zufrieden« sind. Aber ich habe die Frage gestellt, ob man die Bedingungen der Möglichkeit verbessern kann, daß die Unzufriedenen Widerstand gegen diese »Weltläufte« leisten können. Sehen Sie den Unterschied? Wer hat ihn eingeebnet?

Herr Kämmerlings meint, ich hätte etwas »beeindruckend Unzeitgemäßes«. Da allerdings hat er recht. Ich halte nämlich die Zeit, in der wir heute leben beziehungsweise die wir heute erleben müssen, tatsächlich für eine Unzeit im buchstäblichen Sinn. Nicht weil ich der Meinung bin, daß schon wieder Faschismus herrscht, wenn auch camoufliert, sondern weil er verschwunden ist – als bleibende kollektive Erfahrung, als politisches System von Lehren, die aus dieser Erfahrung einmal gezogen und weitergegeben worden sind. Wenn eine Zeit hinter historisch gemachte Erfahrungen zurückfällt, wenn die Lehren aus historischen Fehlern bei zeitgenössischen Entscheidungen keine Rolle mehr spielen, für überholt gelten, als störend erscheinen und daher die Wiederholung alter Fehler wieder als unschuldiger Pragmatismus gelten kann, dann ist diese Zeit selbst nicht mehr auf ihrer bereits erreichten Höhe, dann fällt oder drängt sie zurück, und das nennt man einen backlash, auf deutsch: Unzeit. Wenn man sich dem stellt, sich damit auseinandersetzt, dann ist alles, was man schreibt oder vorträgt, natürlich Ausdruck dieses Unzeitgemäßen, was aber auch bedeutet, daß man in solchen Unzeiten nur als Unzeitgemäßer als ein reflektierender Zeitgenosse gelten kann.

Ich weiß nicht, als was sich Herr Kämmerlings begreift, wenn er den Sachverhalt, daß ich unserer Unzeit gemäß argumentiere, so ironisch kommentiert. Ich habe seinem Artikel am Ende nur einen Hinweis darauf entnommen, wie er sich selbst definieren will: Kämmerlings will kein Opfer sein, er will keinen Grund dafür sehen, Widerstand leisten zu müssen, er ist kein Opfer, und daher ist alles eindeutig besser, als ich es behaupte. Ich aber, so behauptet Kämmerlings, liebe es, Opfer zu sein und Tyrannen zu erfinden, die ich bekämpfen könne. Ich wolle, so Kämmerlings, auf Gedeih und unter dem Vorwand von Verderb, in eine »Opferrolle geraten« und müsse deshalb den »Zeitgeist« zum »Tyrannen« erklären. Das nenne ich eine zeitgenössische Definition der Welt als Wille und Vorstellung: Opfer sei nur, wer Opfer sein wolle und sich deshalb einen Tyrannen erfinde. Zugleich ist das tatsächlich eine sehr präzise Definition des »Zeitgeists« – exakt das, was uns regelmäßig, und nicht nur von Herrn Kämmerlings, gesagt wird: Es gibt keine Opfer, es gibt leider nur viele, die sich nicht vorstellen können, tough genug zu sein, um auf die Gewinnerstraße zu kommen. Die nicht den Willen haben, den Rest dessen, was ihnen öffentlich gekürzt wird, privat gewinnbringend zu veranlagen. Es tut mir leid, aber diese Welt werden wir zerstören müssen. Denn auch ich will keinesfalls Opfer sein oder werden – weshalb ich auch den Unterschied zwischen Journalisten und Dichtern nicht »einebnen« will: Die Journalisten müssen das Zeitgeistige bringen, die Dichter wollen es umbringen.

Denn es ist nicht zuletzt diese Differenz, in deren kleinen Spalt wir den schmalen Durchschlupf zur unbeschriebenen Welt und damit zum einzig sinnvollen literarischen Interesse finden können. Das ohnehin schon immer wieder Beschriebene besonders schön oder kühn oder elegant nochmals zu beschreiben wäre, als literarischer Anspruch, auch wenn wir vernünftigerweise keine Poetik mehr akzeptieren, auf jeden

Fall poetologischer Unsinn. Ich habe mich deshalb so lange mit Kämmerlings auseinandergesetzt, weil er just in Hinblick darauf, was ich hier zu sagen versuche, und in unmittelbarer Reaktion darauf ein stimmiges Beispiel gegeben hat: für die Differenz zwischen der Welt, die ich hier zu eröffnen versuche, auch wenn das vielleicht großspurig formuliert ist, und ihrem Verschwinden in der medialen Darstellung der Welt. Nur darin, in diesem Verschwinden, besteht die ganze »Tyrannei«, es gibt, das ist wahr, unmittelbar keine andere, zumindest nicht für einen Literaten in unserem Teil der Welt. Darum ist meine eingangs gestellte Frage verhältnismäßig risikolos zu beantworten. Denn tatsächlich wird heute keiner für das, was er schreibt oder sagt, aus seiner realen Welt verbannt, wie Spinoza, er wird lediglich in der virtuellen Welt verballhornt, wenn er sich mit dieser nicht unmittelbar kompatibel zeigt. Aber ebendarum kann man für das Schreiben von Literatur oder Philosophie heute erst recht keinen anderen Vernunftgrund geltend machen als den des trotzigen Beharrens auf dem je Inkompatiblen, dieses Trotzdem, das zum Beispiel Baruch Spinoza auf besonders konsequente Weise zu seiner Haltung gemacht hat. Es bedarf allerdings wahrlich keiner Mimikry des Heroischen, um diese Haltung heute zur eigenen zu machen, sondern es bedarf bloß der Einsicht, daß sie, wie sich immer wieder bewiesen hat, eine notwendige Konstante der geistigen und literarischen Arbeit war und ist. Und gerade in Unzeiten zeigt diese Form des Unzeitgemäßen immer wieder neue Aktualität.

Ich bin nämlich der Meinung, daß die Welt nicht

»Ansichtssache« ist, also ein beliebiges Ensemble von Ansichten, die sich schließlich alle im trübsinnig affirmativen Seufzer aufheben: »Ja, ja, so ist die Welt!«

Und ich bin auch der Meinung, daß die Welt nicht ausreichend durch die Eigendynamik ihrer Selbstdarstellung beschrieben ist, sowenig wie die Möglichkeiten, die wir in unserem Leben haben, ausreichend beschrieben sind mit den Möglichkeiten, die uns geboten werden oder die wir annehmen sollen, nur weil sie in den sehr konkreten Bedingungen unserer Welt die gerade kompatiblen Lebensmöglichkeiten sind, was dann zum zweiten Seufzer führt: »Ja, ja, so ist das Leben!«

Nein, so ist es nicht, sondern es ist wie schon immer eine Sache des Anspruchs, der sich in der Literatur eben als Anspruch zeigt, die jeweils unbeschriebene Welt zu beschreiben – das kann man mit jedem beliebigen Beispiel vorführen (etwa anhand eines FAZ-Artikels), und im Ganzen muß man es erst recht versuchen. Am Ende stellt sich nämlich immer wieder heraus, daß erst der Versuch, die unbeschriebene Welt zu beschreiben, die ganze Wahrheit sichtbar macht. Schließlich sehen wir mit Balzacs Augen, und nicht mit denen einer überlebten Aristokratie, wir sehen mit Fontanes Augen, und nicht mit denen der untergegangenen Junker, wie wir auch mit Thomas Manns Augen sehen, und nicht mit denen einer deutschen Bourgeoisie, die mißtrauisch bis feindlich der Demokratie gegenüber eingestellt war. Die Zeiten ändern sich, aber immer wieder bleibt, was mit diesem Blick auf sie geschrieben wurde, eben das bis dahin nicht Geschriebene, das, was sich bis dahin noch nicht in den gesellschaftlichen Selbstbildern festgeschrieben hatte. Es ist das, was uns Augen macht.

Die Zeiten ändern sich – und es ist wichtig, gerade heute an diesen banalen Sachverhalt zu erinnern. Denn die Unzeit, in der wir heute leben, verordnet uns den Glauben an das genaue Gegenteil: daß wir an einem Ende der Geschichte angekommen seien, daß sich unser System des Lebens und Wirtschaftens nicht mehr in einem weiteren historischen Prozeß grundsätzlich verändern, sondern sich nur noch auf der Erdkugel verbreitern wird und daß man künftigen Fortschritt nicht mehr am Fortschritt sozialer Prozesse messen wird können, sondern nur noch an den Verbesserungen der technischen Mittel, mit deren Hilfe alles immer ein bißchen anders so bleiben wird, wie es ist.

Eine Zeit, die immer präziser ihre Uhren zu stellen versteht, auf diesen Uhren aber nichts anderes mehr wahrnehmen kann als den ewigen Kreislauf der Zeiger, eine Zeit, die Vergänglichkeit nur noch als unausweichliches Schicksal der einzelnen Menschen ansieht, die Vergänglichkeit ihrer gesellschaftlichen Organisationsform sich aber nicht mehr vorstellen kann, eine Zeit also, die immer rasender im Glauben an ihre Ewigkeit tickt, ist per definitionem eine Unzeit.

Aber trifft das nicht für jede Zeit, für alle uns bekannten Zeiten zu? Hat sich nicht zu jeder historischen Epoche das jeweils herrschende System zu verewigen versucht und entsprechende Legitimationsideologien produziert? Zweifellos. In allen früheren Epochen wurde versucht, durch Mystifikationen, wie etwa den Glauben an ein Naturrecht oder an Gottgewolltheit, den jeweiligen Lebens- und Produktionsbedingungen den Charakter unabänderlicher Gegebenheiten zu geben. Die Moderne aber – und ich setze jetzt einfach voraus, daß wir auch am Ende der Moderne noch in der Moderne leben, also grundsätzlich unter ihren Bedingungen, und zumindest an Feiertagen immer wieder eingedenk ihrer schönsten Ansprüche –, die Moderne jedenfalls hat ja gerade mit solchen Mystifikationen Schluß gemacht, die menschliche Vernunft anstelle von Natur und Gott zum notwendigen Ausgangspunkt des gesellschaftlichen Handelns erklärt, und ebendies, das menschliche Handeln und Denken, als historischen Prozeß in steter Veränderung begriffen. Warum soll das heute, immer noch vom Vernunftanspruch her betrachtet, nicht mehr gelten? Nur weil sich heute Konzernherrn unversehens in der Interessenslage früherer Feudalherren sehen? Wenn ja, zeigt sich darin aber nicht erst recht deren historische Hinfälligkeit?

Dazu kommt, daß unsere Epoche und nicht zuletzt unsere Zeitgenossenschaft über Erfahrungen verfügt, die zahllose Generationen in früheren historischen Epochen so unmittelbar nicht haben konnten, nämlich: daß Gesellschaftssysteme untergehen können, daß sie eine historische Ablaufzeit haben und daß diese Transformationen letztlich menschengemacht sind. Das kann schleichend passieren oder plötzlich. Aber es passierte erfahrungsgemäß immer wieder. Und jede Restauration, jeder Rückfall hinter bereits Erreichtes restauriert auch die Notwendigkeit und schließlich die Möglichkeiten, daß dies wieder geschieht. Menschengemacht. Die Implosion der stalinistischen Systeme zeigt als historisches Faktum nur dies: daß diese Systeme so nicht funktioniert haben und daß man ein System, wenn eine kritische Masse erreicht ist, nicht halten kann. Dieser Zusammenbruch sagt aber nichts über die definitive Vernunft des modernen Kapitalismus aus. Er gab nur dem Neoliberalismus mehr Raum, also einer Spielart unseres Systems, mit der, als sie noch neu und nicht neo war, bereits verheerende historische Erfahrungen gemacht worden sind. Wie weit kann man heute, morgen, übermorgen hinter diese Erfahrungen, hinter die Lehren des zwanzigsten Jahrhunderts, zurückgehen, bis die Realität so rückständig und unzeitgemäß geworden ist, daß sie unseren Erfahrungen nicht mehr standhält?

Ob man diesen Sachverhalt verdrängt oder bedenkt, ob man ihn aus dem gesellschaftlichen Bewußtsein verdrängen will oder ob man ihn im gesellschaftlichen Bewußtsein und Handeln wieder verankern will, hängt natürlich von der Interessenslage ab, in der man sich befindet.

Literatur will die Interessenslage der einen begreifen, die der anderen beliefern. Das muß nicht unbedingt der Wille der Autoren sein, aber es ist der Wille der Literatur. Sie zwängt sich in diesen Widerspruch, und sie schreitet ihn ab, wenn er wächst. Die Literatur selbst wächst aus den jeweiligen Defiziten der widersprüchlichen Interessenslagen heraus, die in diesem Raum aufeinandertreffen. Deswegen zerreißt es ja in der Regel die Helden aller großen Romane – weil ja auch alle Gesellschaften schließlich an ihren Widersprüchen zerreißen.

Wie dies genau geschieht, wie die Literatur dies immer wieder mit ganz unterschiedlichen Formen und Techniken aufs neue einlöst und wie es möglich ist, daß ein Schreibverfahren oftmals einen Autor weiter trägt, als er gehen wollte, daß also ein Kunstwerk nicht nur das gesellschaftliche Bewußtsein, sondern auch das Bewußtseins des Autors besiegt, kann ich generell nicht sagen. Aber daß es so ist, ist oft genug festgestellt worden.

Soviel zwischendurch zur Befriedigung des Anspruchs, daß dies eine Poetikvorlesung ist.

Aber wenn es sich grundsätzlich so verhält, und ich glaube, darauf können wir uns einmal einigen, dann können wir mit der Frage fortfahren, was sich ein Autor klarmachen kann und muß, wenn er die Einlösung dieser Möglichkeiten der Literatur bewußt zu seinem Anspruch erklärt und wenn er Kunstanspruch mit bewußten Interventionen im öffentlichen Bewußtsein heute verbinden will. Also nicht nur zu dichten, sondern es mit dieser Haltung zu tun, nicht nur zu veröffentlichen, sondern öffentlich ganz und mit allem für seine Haltung einzustehen.

Wir reden jetzt also weiter über die Bedingungen der Möglichkeit von literarischem Engagement.

Um die buchstäbliche Not-Wendigkeit von Engagement heute, die neue Aktualität dieses Begriffs im Gegensatz zu den Erfahrungen, die mit ihm gemacht wurden, begründen zu können, muß ich kurz die wesentlichen Etappen der Geschichte dieses Begriffs in Erinnerung rufen.

Am Anfang hatte Engagement keine Idee von seiner

gesellschaftlichen Notwendigkeit, sondern war ein individuelles Hervorstülpen von Tollkühnheit oder Gelassenheit des freien Denkens, in einer Gesellschaft, die das als Anspruch nicht unbedingt vorsah. Spinoza etwa, oder Descartes. Ihr Denken richtete sich nicht an die Gesellschaft, sondern hütete sich vor ihr, war allerdings auch bereit, Verbannung aus der Gesellschaft und Verfolgung in Kauf zu nehmen, um im Denken ihrer Freiheit und in der Freiheit ihres Denkens leben zu können. Ein Adressat dieses Denkens existierte noch nicht, er existierte konkret nur in den Köpfen der Aufklärer selbst, in der gesellschaftlichen Realität aber war er reine Phantasmagorie: der nach den Grundsätzen der Vernunft handelnde Mensch. In einer dogmatisch geregelten Gesellschaft, in der die Unterwerfung unter die Dogmen erst das Überleben sicherte, war Widerspruch bloße Ketzerei. Aber diese Ketzerei war der Anfang der Geschichte des Engagements.

Dann kam der Begriff Engagement begrifflich zu sich: Das Denken der Freiheit fand Adressaten, nun hieß es Engagement, Einmischen, Handeln für andere, aus Nachdenken wurde Vordenken, und das bedeutete für Philosophen und Literaten, mit ihrem Denken, Schreiben und auch mit ihrem Leben einzustehen für die Beförderung einer gesellschaftlichen Vernunft, für eine als notwendig erachtete gesellschaftliche Dynamik. Das klingt jetzt sehr pathetisch. Die Zeiten waren pathetisch. Banalisiert wurde das alles erst später. Der erste konkrete Adressat des aufgeklärten Denkens jedenfalls war das ökonomisch sich durchsetzende Bürgertum, das auch politisch die Selbstbestimmung beanspruchte, dafür ein Weltbild durchsetzen mußte, das diesen Anspruch umfassend gesellschaftlich begründete. Es ist die Zeit, in der die realistische Literatur entstand. Damals war der Zeitgeist für die Literatur förderlich, und es war unerheblich, wie bewußt sich der einzelne Dichter oder Literat seines objektiven Engagements war: Das Bürgertum wollte durch die realistische Literatur die Realität kennenlernen, über die es sich anschickte die Herrschaft zu übernehmen. Viele Literaten aber waren bewußt bereit, alles für die Durchsetzung bürgerlicher Ideale zu riskieren, sie sind z.B. im Kampf für Pressefreiheit in den Tod gegangen – ohne sich vorstellen zu können, daß ihr Kampf zur Grundlage des Erfolgs der BILD-Zeitung werden könnte.

Da sind wir schon bei der Banalisierung – ich finde sie im Licht der Geschichte nicht weniger pathetisch.

»Dichter und Denker«, um es auf deutsch zu sagen, haben Verfolgung in Kauf genommen, den Tod riskiert und oft auch erlitten, weil sie für die aufgeklärte Forderung der Trennung von Kirche und Staat eintraten, zugleich auch für Religionsfreiheit unter dieser Voraussetzung – ohne sich vorstellen zu können, daß ihr Kampf dazu beitragen würde, daß selbst in einem mehrheitlich protestantischen Land wie Deutschland eines Tages der Tod eines katholischen Papstes zu Medienhysterie führt und daß der honorige Professor Karl Otto Hondrich bei diesem Anlaß in der bürgerlichen Zeitung FAZ nicht die erkämpfte bürgerliche Vernunft einmahnt, sondern dazu auffordert, »das Erbe des Papstes anzunehmen«, noch dazu mit der Begründung: »Die Moderne kann auf das Urbild des Vaters und Führers nicht verzichten [...]. Die Massen und Konflikte werden größer. Damit steigt auch der Bedarf an untergründiger Übereinstimmung ...«

Exkurs: Hätte man sich von einem bürgerlichen Wissenschaftler, also von einem, der die bürgerlichen Werte und Ideale als seriöse Prämissen seiner Arbeit anerkennt, nicht erwarten können, daß er zu analysieren versucht, warum die Teilung unteilbarer Werte so viel Zustimmung findet und ob es nicht diese Teilung unteilbarer Werte ist, die mit zu den größer werdenden Konflikten und nicht zur »Harmonisierung« der Gesellschaften führt?

Der Freiheitsbegriff zum Beispiel. Das ist doch wahrlich kein in der bürgerlichen Gesellschaft skandalisierter Begriff, man kann sich ohne Furcht auf ihn berufen. Von allgemeiner Relevanz im Pontifikat Johannes Pauls II. war ja nicht seine Auslegung katholischer Orthodoxie (das kann niemanden interessieren, der nicht katholisch ist), sondern die Systematik, mit der er bürgerliche Begriffe auf eine – ich möchte sagen – für die zeitgenössischen bürgerlichen Gesellschaften vorbildliche Weise relativierte und als teilbare, statt als universelle vorführte: Die Freiheit in seiner Heimat Polen galt ihm so viel, daß er mit all seinen Mitteln zu einem politischen Umsturz in Polen beitrug. Die Freiheitstheologen Lateinamerikas aber nahm er sofort an die Kandare, verbot ihnen politisches Engagement und empfahl ihnen »christliche Demut«. Das nennt Hondrich eine vorbildliche »untergründige Gemeinsamkeit«.

Zurück zur Geschichte des Engagements: Schon lange vor Hondrich gab es bereits Hondrichs, deren weihrauchschwenkende Sätze allerdings nicht vernebeln konnten, daß vieles, das vernünftigerweise versprochen war, in der bürgerlichen Gesellschaft noch immer nicht eingelöst wurde. Nun richtete sich das Engagement an eine neue Klasse, sein neuer Adressat wurde die Arbeiterschaft, die das Uneingelöste ebenso wie den Wunsch nach Transformation der defizitären Verhältnisse zu repräsentieren schien.

Damit begann der Niedergang des Engagement-Begriffs. Aus einem einfachen Grund: Im Gegensatz zum Bürgertum war das Proletariat nie eine revolutionäre Klasse. Der Irrtum, daß sie eine sei, hat die Geschichte, wenn wir sie teleologisch betrachten, um über hundert Jahre auf ihrem Weg zurückgeworfen. Aber selbst wenn wir Geschichte nicht teleologisch betrachten, hat dieser Irrtum die mörderische Sinnlosigkeit der Geschichte für über hundert Jahre sinnlos verkompliziert.

Um das zu verstehen, müssen wir jetzt einen kurzen Exkurs über Karl Marx machen, der es schließlich war, der die Arbeiterklasse als revolutionäres Subjekt definiert hatte.

Marx ist zunächst einmal einer der bedeutendsten Autoren der deutschen Literaturgeschichte. Wenn wir schon grundsätzlich von gesellschaftlichen Defiziten reden, dann ist es zweifellos eines der größten Defizite der Literaturtheorie und Literaturkritik, bis heute nicht erkannt zu haben, daß es Marx war, der den bedeutendsten bürgerlichen Bildungs- und Entwicklungsroman geschrieben hat, ja mehr noch, der diese Form auf eine bis heute unerreichte Weise sprachlich und formal zur Vollendung gebracht hat. Zu Beginn der modernen Massengesellschaft schrieb Marx den ersten Roman mit einem »kollektiven Haupthelden«. Dieser Held heißt »Kapital«. Marx erzählt, wie dieser Held auf die Welt kam, wuchs und größer wurde, welchen Widerständen er sich in seiner Adoleszenz gegenüber sah, wie er diese Widerstände besiegte, seinen einflußreichen und vernünftigen Platz in der Gesellschaft fand, und wie er schließlich zugrunde ging und starb. Dagen ist nicht nur Thomas Manns Roman »Buddenbrooks« ein Lübecker Heimatroman, der Kapital-Roman ist an Kühnheit auch von Joyce oder Musil nicht mehr übertroffen worden.

Marx hat die Dynamik seiner Zeit früh begriffen und weiterdenken können. Das hatte vielleicht auch damit zu tun, daß sein Lehrer nicht Hondrich war, sondern Hegel. Im ersten Teil des »Kommunistischen Manifests« finden wir die literarisch gelungenste, aber auch analytisch präziseste Beschreibung der Globalisierung, die bis heute, wo doch bereits viel mehr empirisches Material auf dem Tisch liegt, formuliert wurde. Diese Beschreibung der Globalisierung ist mit so deutlich spürbarer Faszination, mit solcher Emphase verfaßt, daß selbst jene, die der Globalisierung mit gedankenloser Zustimmung gegenüberstehen, diesen Text mit Begeisterung lesen müßten.

Fast alles, was Marx zur theoretischen Unterfütterung seiner Literatur gedacht hatte, hat sich heute, wenn auch zeitverschoben, als vernünftig und wahr erwiesen, in einem kühn-realistischen Sinn.

Seine Mehrwert-Theorie, einst von Nationalökonomen, die den Nobel-Preis erhielten, als Mystifikation der Handelsspanne verspottet, ist heute Grundlage der Rendite-Produktion der großen Konzerne geworden, während den Konsumenten, damit sie auch etwas davon haben, die Mehrwert-Steuer aufgebrummt wird.

Seine Verelendungstheorie, verlacht in Zeiten des Wirtschaftswunders, das mit Hilfe des Marshallplans, also einer Art von Planwirtschaft in Konkurrenz zu den realsozialistischen Systemen, möglich war, wird heute von einem konkurrenzlosen, also Reinkultur-Kapitalismus systematisch bestätigt, also von dem Kapitalismus, den Marx im Auge hatte.

Die Prämisse seines Denkens, nämlich das Primat der Ökonomie, wird heute nicht nur vom deutschen Kanzler, sondern auch vom amerikanischen Präsidenten bestätigt. Der Satz »It's the economy, stupid!« ist nichts anderes als die pragmatisch angelsächsische Zusammenfassung des Marxismus.

Ganz Europa erweist sich heute als ein apokryphes marxistisches Projekt: denn, wie von Marx vorhergesehen, sterben die Nationalstaaten ab und vereinigen sich auf der Basis radikaler Freiheiten ausschließlich der Ökonomie.

Nur in einem Punkt, leider in einem entscheidenden, mit nachhaltigen Konsequenzen, hat sich dieser wunderbare Autor geirrt. In der Annahme nämlich, daß die Arbeiterklasse ein revolutionäres Subjekt sei und daß ihr die vollständige Einlösung der aufgeklärten Ideale obliege.

Deshalb ist übrigens der erste Teil des Kommunistischen Manifests ein faszinierender Lese- und Denkgenuß, der zweite Teil aber, der die historische Aufgabe des Proletariats bis hin zur Diktatur des Proletariats zu begründen versucht, geistig und auch sprachlich so niederschmetternd.

Der Irrtum von Marx ist ganz einfach aus seiner eigenen Geschichtsphilosophie heraus nachzuweisen.

Marx beschrieb die Geschichte als Geschichte von Klassenkämpfen und leitete davon eine immanente Logik des Geschichtsverlaufes ab. Das ist bekannt. Übersehen oder vergessen wird allerdings, daß nie in der Geschichte infolge dieser Klassenkämpfe eine unterdrückte Klasse zur herrschenden Klasse der nächsten Gesellschaftsformation wurde. In der Sklavenhaltergesellschaft kam es wohl zu Sklavenaufständen, schließlich ging die Sklavenhaltergesellschaft unter – aber die nächste herrschende Klasse waren nicht die Sklaven, sondern eine neue Klasse, die sich mittlerweile herausgebildet hatte: die Feudalherren. Die von diesen unterdrückte Klasse, ihr antagonistischer Widerspruch, waren die leibeigenen Bauern. Es kam zu Bauernaufständen, dieses System ging unter, die nächste herrschende Klasse waren aber nicht die Bauern, sondern eine neue Klasse, die sich inzwischen herausgebildet hatte: die Bourgeoisie. Ihr antagonistischer Widerspruch war nun das Proletariat, es kam zu Arbeiteraufständen, aber die nächste herrschende Klasse – – warum sollte sie die Arbeiterklasse sein? Marxens Geschichtsphilosophie selbst zeigt doch, daß nie in der Geschichte eine unterdrückte Klasse, sondern immer nur neu entstehende Klassen die Dynamik entwickeln konnten, die Fesseln des alten Systems abzuwerfen. Dort, wo eine Revolution stattgefunden hatte, die sich mit der Marxschen Theorie legitimieren wollte, wurde daher auch das Proletariat eben nicht zur herrschenden Klasse. Die neue Klasse dort hieß Nomenklatura, das Proletariat blieb unterdrückt, bloß ideologisch getröstet durch Proletkult.

Sehen Sie. Wenn Marxens Geschichtsphilosophie also stimmt, dann gibt es keinen Grund anzunehmen, daß es logisch zu einer Herrschaft des Proletariats kommen müsse. Und wenn diese Geschichtsphilosophie nicht stimmt, dann gibt es erst recht keinen Grund, dies zu glauben. Tatsächlich sucht die Arbeiterklasse, wie heute erwiesen ist, nicht die Überwindung der Gesellschaft, sondern bloß und mit einigem Recht ihren Anteil an der Partizipation an dieser Gesellschaft. Den bekommt sie zwar nicht in Form des Schutzes ihrer Ansprüche, sondern in Form von Massenwaren, solange sie sich diese leisten kann. Das ist ein demokratiepolitischer Skandal (darüber in der nächsten Vorlesung), aber er enthält keine revolutionäre oder zumindest aufklärerische Dynamik.

Allein die Tatsache, daß hochentwickelte Organisationen zur Vertretung der Arbeiterinteressen, nämlich die nationalen Gewerkschaften, im Lauf der letzten fünfzehn Jahre nicht einen einzigen Schritt in Richtung zumindest eines Europäischen Gewerkschaftsbundes vorangekommen sind, während das Kapital sich globalisiert, sagt alles über die Dynamik dieser Klasse aus.

Mit diesem Adressaten allerdings, dem Glauben an die revolutionäre Sendung der Arbeiterklasse, entstand ein Zeitgeist, der für die Literatur nicht förderlich war. Hier muß ich an ein Phänomen erinnern, das wir literaturtheoretisch nicht außer acht lassen dürfen: Literatur, selbst und vor allem die revolutionäre, kann nicht genügen, wenn sie nur politischen Forderungen, noch dazu im geschichtlichen Maßstab völlig absurden, zu genügen versucht. Setzt sie aber auch neue literarische Maßstäbe, wird sie bald von allen Seiten des gesellschaftlichen Spektrums für sich beansprucht – darin beweist sich schließlich ihr Universalismus. Das ist der Unterschied zwischen der Wirksamkeit eines Friedrich Hölderlin und eines Willi Bredel.

Interessant in unserem Zusammenhang, also in Hinblick auf die Geschichte des Engagement-Begriffs, ist die Tasache, daß diese Epoche, als Engagement Synonym für Parteilichkeit für die Arbeiterklasse wurde, nur jene Dichter literarisch überlebten, die bei allem Engagement ein distanziertes, wenn nicht zynisches Verhältnis zur Prämisse ihres Engagements hatten, von Bert Brecht bis Heiner Müller.

In dieser Distanz, die die besten engagierten Dichter ihrer Zeit zum Adressaten ihres Engagements entwickelten, zeigt sich schon das Ende, das Wegdämmern des klassischen Engagement-Begriffs.

Auf Grund dieser Erfahrung, nicht unbedingt schon des Bewußtseins davon, daß die Arbeiterklasse nicht das revolutionäre Subjekt ist, das die Defizite der bürgerlichen Gesellschaft einlösen kann, sah sich die Idee des Engagements bald an den Anfang zurückgeworfen, als es bloß freies Denken ohne gesellschaftlichen Adressaten war.

Definitiv klar wurde das schließlich nach 1989: Mit dem Zusammenbruch der Sowjetunion und ihrer Welt ist ein Sozialismus, der zumindest ideologisch auf die Arbeiterklasse setzt, spät, aber doch auch als Widerspruch zum und im Westen erledigt. Im Westen ist damit der letzte, historisch irgendwie begründete Widerspruch, der auf eine relevante Parzelle der Gesellschaft setzen zu können glaubte, verschwunden.

Deshalb erscheint der Engagement-Begriff heute als so unzeitgemäß: Er hat seine gesellschaftliche Grundlage verloren, nämlich die Klasse, deren Dynamik er befördern will und deren Dynamik ihn trägt. Er scheint ohne Verankerung gleichsam in der Luft zu hängen, noch dazu in abgestandener Luft. Vor allem, wenn man ihn immer noch mit Arbeiterklasse assoziiert. Aber ebendies macht ihn auch wieder frei, zunächst einmal frei von einem historischen Irrtum. Und ebendadurch wird seine objektive Notwendigkeit wieder sichtbar: denn befreit von Parteilichkeit, kann er wieder universal werden, Universalität beanspruchen. Und dafür gibt es Grundlage genug: nämlich all das Uneingelöste der Moderne, all die objektiv feststellbaren Defizite moderner Gesellschaften.

Wir haben die Sicherheit, daß es nicht bleibt, nicht bleiben kann, wie es ist, aus historischer Erfahrung und aus Gründen der Logik: Die Zukunft kann nicht mehr lange aus lauter Rückschritten bestehen. Daraus leitet sich die Notwendigkeit ab, mehr als ein Wörtchen dabei mitzureden, wie es wird.

Dabei sind wir an den Anfang zurückgeworfen. Als Einzelne in einer kompakten Gesellschaft von Einzelnen. In eine Welt, die sich als alternativlos darstellt und die uns abverlangt, daß wir daran glauben sollen, glauben, daß schicksalhaft ist, was wir tun. Und solange es geglaubt wird, ist es das tatsächlich. Es beginnt wieder von vorn: mit der Zerstörung des Glaubens. Es beginnt wieder von vorn: mit der Bereitschaft, alleine für etwas einzustehen, das zwar als Anspruch gesellschaftlich begründet und bereits formuliert ist, aber (noch) kein konkretes Substrat in der Gesellschaft hat. Als wäre Geschichte ein Brettspiel – einmal aussetzen und drei Felder zurück –, beginnt es heute wieder bei Spinoza: als Ketzerei gegen ein geschlossenes, geradezu manichäisches Welt- und Selbstbild unserer Zivilisation.

Aber einen historischen Startvorteil haben wir heute, nach all der Geschichte: Wir können angstfrei Spinozas Haltung zur eigenen machen. Wir können zurückgreifen auf gesellschaftlich bereits durchgesetzte Ideen und Ansprüche, die vernünftig sind, deren Makel es bloß ist, daß sie in der Realität nicht oder nur dem Schein nach durchgesetzt sind. Wir können zurückgreifen auf Sonntagsreden, die wir bloß von Montag bis Samstag beim Wort nehmen müssen. Diese tägliche Ketzerei können wir ertragen, denn am Sonntag können wir ruhen. Es geht um diese Differenz, diesen Spalt, in den sich Literatur hineinzwängen muß. Der Riß zwischen der Welt, in der ich schreibe, und der unbeschriebenen Welt. Die Welt, wie sie sich als letztlich bestmögliche legitimieren will, und die Welt, die sich als bestmögliche erst verwirklichen will, auch und erst recht dann, wenn das System, wie es jetzt ist, dann nicht hält.

Große Literatur, soweit sie als Überlieferung für uns noch lebendig ist, hat immer gesellschaftliche Differenzen und Transformationen beschrieben und nie ihre je vorgefundene Realität als fertige, bestmögliche aller Welten dargestellt. Das wissen wir rückblickend. Wann werden wir lernen, als Zeitgenossen zu lesen? Und wann werden wir diesen Anspruch wieder zu unserem machen: nach den Sternen zu greifen, wissend: Die Erde ist nicht die beste aller Welten, sie ist der fernste Stern. Und wir wollen ihn mit Menschen besiedeln. Noch einmal. Wieder von vorn.

Nichts anderes als dieser Anspruch, auf den wir vernünftigerweise und gezwungenermaßen zurückgefallen sind, ist es, den ich eingangs mit der Chiffre »Spinoza« bezeichnet habe. In Spinozas Ring waren die Worte »Hüte dich!« eingraviert. Und vorgelebt hat er: »Laßt euch nicht schrecken!«

Und wenn ich Sie jetzt bitte aufzustehen, um Ihre Zustimmung zu diesem Anspruch zu demonstrieren, dann bleiben Sie bitte sitzen! Sie sind doch keine manipulierbare Masse!

III
Glaube, Terror – Friede?

Sehr geehrte Damen und Herren!

Ich muß Ihnen heute etwas gestehen:

Ich bin einer der wenigen Lebenden, die Kassandra persönlich kennengelernt haben.

Und das kam so: Ich machte im Sommer 2004 Urlaub in Griechenland, just als die Olympischen Spiele stattfanden. Ich hatte zunächst in Athen ein Zimmer in einer kleinen Pension gefunden, die hieß: »Pension Klytemnestra. Zimmer mit Bad«. Die Nachmittagshitze war unerträglich, ich lag mit einem Buch, mehr dösend als lesend, in meinem Zimmer auf dem Bett, neben einem großen Ventilator, immer wieder blätterte der Wind die Seiten um, so kam ich mit dem Buch weiter, auch wenn ich gerade nicht las. »Am I a liberal?« von John Maynard Keynes. Ich las gerade den Satz: »Meine Tragik besteht darin, daß meine Thesen immer dann ignoriert werden, wenn sie am dringendsten nötig wären«, da schlug der Ventilator die Seite um. Ich ging ins Bad. Ich bekam Beklemmungen: Plötzlich färbte sich alles rot, der Wasserstrahl, der Duschvorhang, das Duschbecken – die Sonne ging unter.

Ich lief hinaus, durch die Stadt. So viele Zeichen. Aus Stein. Sie erzählen Geschichten aus der Geschichte. Aber ich konnte sie nicht lesen. Trümmer, als hätte eine unfaßbare Macht all diese behauenen Steine fliegen und durcheinanderstürzen lassen. Was war das? Ein zerstörter Tempel, ein verwüsteter Friedhof?

Da sah ich ein Standbild der Pallas Athene, sie hatte den Kopf zur Seite gedreht. Daneben kroch eine Frau zwischen den Trümmern hervor. Staub lag wie ein Schatten auf ihrem bleichen Gesicht und dem weißen Totenhemd. Ihre Lider wie harte schwarze Deckel, ihr Mund wie von Gift verbranntes Fleisch.

Aus der Höhle stieg Rauch, nebelte sie ein wie einen Pop-Star auf der Bühne. »Ich bin Kassandra!« rief sie. Kassandra? Wer sich an ihre Schönheit erinnern konnte, mußte Furcht und Mitleid empfinden, aber: wer erinnerte sich?

»Ich bin Kassandra!« schrie die Bettlerin. Sie war doch eine Bettlerin. Was sonst?

»Kassandra ist tot!« sagte niemand. Wer kann sich schon erinnern an ihre Geschichte? »Was ich sehe, lebt!« sagte sie dennoch.

Touristen fotografierten. Sie lachten. Ein unüberschaubares Heer von Polizisten, Militärs und Geheimdienstleuten garantierten die Sicherheit Griechenlands während der »Spiele«, in der Luft kreisten Helikopter, zogen Kampfflugzeuge ihre Schleifen. Die helle Schönheit der Kondensstreifen im blauen Himmel. So dunkel Kassandra. Und sie sprach dunkel. »Ich sehe einen großen Krieg«, sagte sie. »Ich sehe Millionen Menschen zugrunde gehen, auf Grund einer Logik, die deshalb entmenscht ist, weil sie die Bedürfnisse der von den Menschen produzierten Verhältnisse wichtiger nimmt als die Bedürfnisse der Menschen selbst. Die Bedürfnisse *der Verhältnisse* sind komplex, die der Menschen simpel. Liegt darin das Problem?«

»He! Schau mal da her, Alte!« rief ein deutscher Tourist mit angelegtem Camcorder.

Kassandra sprach so schön, so dunkel klar, in einer toten Sprache:

»Elend und Vernichtung jedenfalls beginnt unscheinbar in dem Moment, da Menschen ernstlich Begriffen wie *Systemlogik*, *Marktlogik* oder *Sachzwänge* zu gehorchen versuchen. Ich sehe, wie dies passiert. Aus dem Unscheinbaren wird Anscheinendes, dann mit mörderischer Konsequenz Wirkliches. Krieg. Krieg ist sachlich: Modernisierung, menschlich: Tod. Und dann sehe ich die Konsequenzen, die aus den Erfahrungen mit diesem Krieg und der Entwicklung, die zu diesem Krieg geführt hat, gezogen werden. Es sind keine *richtigen* Konsequenzen, weil sie nicht wirklich konsequent sind, nicht so konsequent wie der Geschichtsverlauf zuvor, aber es sind auch keine falschen, weil sie das Minimum der richtigen Konsequenzen darstellen: Das, was geschehen ist, soll nie wieder geschehen können!

Auf der ganzen Welt denken die besten Köpfe darüber nach, wie dies bewerkstelligt werden könnte. Ich sehe sie vor mir, kann lesen, was sie vorschlagen – nichts, was zuvor unantastbar schien, bis es in die Katastrophe führte, scheint nun heilig, deshalb werden wir diese Zeit als heilig bezeichnen müssen! Sogar in den USA wird die zumindest partielle Einführung der Planwirtschaft diskutiert, – he! Hört zu! –« Die Menschen hörten nicht auf zu fotografieren, zu lachen. »English?« rief sie. »Versteht ihr nur English? Könnt ihr haben! Thinktank! Bill of rights! Global order! Es wird ein *Thinktank* gegründet, dem sieben Ökonomen von der berühmten Universität Harvard angehören, um eine neue *Bill of rights* auszuarbeiten. Dieser Thinktank nennt sich *National Ressources Planning Board*, trägt also den Begriff Planung bereits im Namen und erklärt in der Präambel seiner ersten Stellungnahme: *Das alte Ideal des Laissez-faire kann nicht länger gewährt werden ... Es wird in immer höherem Maße irgendeine Art von Planung und Kontrolle geben müssen!* Ohne Revolution werden Begriffe wie Umverteilung, soziale Gerechtigkeit, Vollbeschäftigung, Wohlfahrt und sogar Grundsicherung zu selbstverständlichen Parametern der Politik, die Einsicht in die Notwendigkeit von Entwicklungshilfe wird so selbstverständlich wie das morgendliche Zähneputzen der Menschen in den Industriestaaten. Die schrittweise politische Herstellung globaler ausgleichender Gerechtigkeit wird nationale Priorität in so vielen Staaten, daß der Begriff *national* zu versickern beginnt. Ich sehe, wie große internationale und übernationale Institutionen entstehen, die diese Entwicklung sozial-, wirtschafts-, währungs- und handelspolitisch abzusichern und planmäßig weiterzutreiben versprechen. Das ist das Minimum des Wünschenswerten – aber dazu bedurfte es eines großen Krieges!

He! Hört zu! Ich phantasiere nicht, deliriere nicht von der Zukunft! Diesen Krieg hat es gegeben. Erinnert euch! Diesen Krieg hat es gegeben! Ihr alle hier habt nach diesem Krieg gelebt! Die Konsequenzen, die aus diesem Krieg gezogen wurden, sind wirklich gezogen worden. Alle Chancen, die ihr in eurem Leben hattet, so ihr welche hattet, sind diesen Konsequenzen zu verdanken. Aber jetzt hat sich der Nebel der Geschichte darübergelegt, und das Gewesene, das in diesem Nebel verschwindet, steigt nun hervor wie ein Orakel aus dem Rauch, als unklare Kontur einer sich abzeichnenden Zukunft. Aber diese Zukunft kennen wir, nicht ich alleine – wir alle kennen sie!

Stellt euch vor, Anfang der dreißiger Jahre des 20. Jahrhunderts hätten selbst Antifaschisten gesagt: *Der Faschismus ist unaufhaltsam, die Entwicklung geht mächtig und eindeutig in diese Richtung. Unsere Aufgabe ist es daher, diese Entwicklung mitzutragen und uns für diese Zukunft fit zu machen! Denn nur mit den Mitteln des Faschismus können wir unseren Standort sichern!* – würden wir heute diesen *Pragmatismus* bewundern oder nicht vielmehr diese Willfährigkeit verachten? He! So hört doch zu!«

Die Touristen haben fotografiert. Die Stadien füllen sich. Die Spiele. Römisch-griechisches Ringen unter militärischem Schutz.

In der herabschwebenden Dunkelheit blitzt weiß das alte Weib: »Wohin das führen wird? Na wohin! Alle, die heute mitmachen, werden dereinst auch wieder mitmachen, wenn es heißt: *Dies soll nie wieder geschehen dürfen!*«

Kassandra ging zurück in ihre Höhle, noch einmal sterben. Ich ging zurück ins Hotel, dösen, lesen. »Auch mir hat Apoll in den Mund gespuckt!« las ich bei Keynes. Schon schlug der künstliche Wind die Seite um.

Eines Tages werden Steine fliegen und Worte kein

Gewicht mehr haben. Seither habe ich keinen anderen Gedanken mehr, immer nur diesen Gedanken, wenn ich sehe, was ich sehe: Alle, die heute mitmachen, werden dereinst auch wieder mitmachen, wenn es heißen wird: »Nie wieder!«

Meiner Bekanntschaft mit Kassandra verdanke ich also eine nachhaltige Einsicht in die eigentümliche Dialektik von historischer Wahrheit und Zukunft. Zukunft ist nicht das, was wir nicht wissen können, sondern das Ergebnis dessen, was wir tun, ohne es zu wissen. Am schlimmsten wird es dann, wenn wir nicht einmal mehr den Anspruch haben, zu wissen, was wir tun. Wir laufen der Zukunft nicht hinterher, wir laufen mit.

Kein Bewußtsein davon zu haben und auch keine Absichten, an denen sich eine statthabende Entwicklung jederzeit messen lassen muß, ist die Garantie dafür, daß der Satz »Die Zukunft können wir nicht wissen« in absehbarer Zeit zu dem historischen Satz werden wird: »Das haben wir nicht wissen können!«

Das allerdings sollten wir mittlerweile wissen.

Um so mehr in Restaurationszeiten, deren Zukunft sich bekanntlich auch schon regelmäßig historisch erwiesen hat. Der Abbau gesellschaftlichen Fortschritts hält der Zukunft am allerwenigsten stand.

Deshalb ist es so wichtig, Bewußtsein von der Zukunft zu erlangen: weil Engagement keinen Sinn ergibt, ohne den Anspruch, aus der Zukunft unser gemeinsames, weitestgehend beabsichtigtes und verantwortbares historisches Produkt zu machen.

Ich will daher jetzt von der Zukunft reden und davon, was wir von ihr wissen. Die Zukunft hat nämlich eine interessante Geschichte.

Die ersten, die über die Zukunft Auskunft gaben, waren Propheten und Hellseher. Ihre Bilder von der Zukunft waren noch nicht Ausdruck konkreter gesellschaftlicher Bedürfnisse, aber von eminentem gesellschaftlichem Interesse. Da stürzten Imperien, verwüsteten Kriege und Naturkastrophen die Welt, da hingen Glück und Fortkommen der Menschheit vom wechselhaften Glück großer Männer ab, da wurde die Hochzeit eines Kaisers, der Giftmord an einem Papst vorhergesagt, mit all ihren dramatischen politischen und gesellschaftlichen Konsequenzen. Interessant daran ist, daß alle diese Prophetien, soweit sie überliefert sind, über das je gegebene politische und gesellschaftliche Organisationssystem hinauswiesen – alle Vorhersagen sahen im Grunde eines voraus: das Ende des gerade bestehenden Weltzustands, in letzter Konsequenz in Form der Erlösung der Menschheit oder in Form des Weltuntergangs. Es sind aber keine Prophezeiungen mit Frohbotschaften wie den folgenden bekannt: daß sich dereinst Männer den Bart abschaben werden können, ohne sich immer wieder zu schneiden, oder daß die Zeit nicht mehr fern sei, in der man von Frankfurt nach Weimar fahren könne, ohne daß ein Rad der Kutsche bricht. Die machtvollen Zukunftsbilder waren also immer von größter gesellschaftlicher Relevanz, Ausdruck gesellschaftlicher Sehnsüchte und Ängste, Zukunft wurde aber noch nicht begriffen als Produkt gesellschaftlicher Anstrengung und als kollektive Absichtserklärung.

Das änderte sich mit dem Beginn des Zeitalters der Aufklärung. Aufklärung bedeutete eben auch Aufklärung über das notwenig erst Durchzusetzende. Zukunft wurde zum gesellschaftlichen Projekt. Das hatten die Aufklärer mit den archaischen Propheten gemeinsam: Ihre Bilder von der Zukunft waren von größter gesellschaftlicher Relevanz und drängten über die bestehende Ordnung hinaus. Wieder sollten Imperien stürzen, wieder sollte die Christenheit erschüttert werden, nun allerdings nicht wegen mangelnder Fortune eines Kaisers oder wegen des Tods eines Papstes, sondern weil Imperien stürzen müssen und der blinde Glaube erschüttert werden muß, um der Zukunft Raum zu geben. Die Zukunft wurde konkret, aber sie sah weder den Rasierapparat noch das Automobil voraus.

Im nächsten Schritt geschah etwas sehr Eigentümliches: erstmals wurde Zukunft dekonstruiert: Immer ist sie eine politische und soziale Kategorie gewesen – nun wurde sie zu einer Kategorie der Dingwelt. Zukunft zerfiel in die schlechte Unendlichkeit unserer Gegenstände und ihrer Perspektiven. Die Zukunft, die uns heute angeboten wird, ist der »Rasierapparat der Zukunft«, das »Auto der Zukunft«, das »Handy der Zukunft« etc.

Die wirtschaftlichen und politischen Interessen der Bourgeoisie sind weitgehend durchgesetzt, die gesellschaftlichen Bedürfnisse und Sehnsüchte allerdings noch lange nicht befriedigt. Dennoch ist Zukunft heute im gesellschaftlichen Bewußtsein kaum noch als gesellschaftliches Projekt vorstellbar. Und schon gar nicht als eines, das über die gegebenen Systembedingungen hinausweist. Das ist neu. Dazu kommt noch eine weitere historische Eigentümlichkeit, und das ist die eigentliche Botschaft Kassandras: Plötzlich ist Zukunft strukturell und perspektivisch mit den Mitteln und dem Wissen eines Historikers zu beschreiben. Wohlgemerkt nicht ästhetisch: Wir können nicht wissen, welche äußere Gestalt und welche Symbole und welches Design sich die Wiederherstellung der Vergangenheit in Zukunft geben wird. Aber das ist doch seltsam: zum erstenmal in der Geschichte der Zukunft, zum erstenmal seit den Propheten sind ausgerechnet die Historiker zu Experten des Kommenden geworden – weil es ein Wiederkommendes ist. Es handelt sich strukturell perspektivisch um die Wiederherstellung der Vergangenheit. Die Zukunft des Backlash kennt der Historiker. Bestimmte soziale und gesellschaftliche Bedingungen haben zu einem großem Krieg geführt. Aus den Erfahrungen mit diesem Krieg, im Schock nach diesem Krieg, wurden Konsequenzen gezogen. Die beiden wichtigsten Konsequenzen waren, daß dem Kapital Fesseln angelegt wurden und daß der Sozialstaat ausgebaut wurde. Diese Konsequenzen wurden sehr bewußt gezogen – werden jetzt aber wieder rückgängig gemacht, somit Verhältnisse der Zeit vor dem Krieg schrittweise wiederhergestellt. Wenn das so ist, und es ist so, wie können wir uns dann unsere Zukunft vorstellen?

Das System fühlt sich sicher. Deshalb schraubt es soziale Sicherungen heraus, glaubt sie nicht mehr zu benötigen. Man kann sie also einsparen. Aber das

System sind die Menschen. Die fühlen sich nicht sicher. Nicht einmal die Gewinner dieses Systems. Sie erst recht nicht. Deshalb wird zugleich, sicher ist sicher, militärisch aufgerüstet. Aber das ist erst recht die Spirale, die jeder Historiker kennt.

Das Bewußtsein von den Konsequenzen einer solchen gesellschaftlichen Entwicklung ist unseren Bildern von der Zukunft ausgetrieben worden. Aus triftigem Grund: es berührt die Dingwelt nicht, hat mit ihr nichts zu tun. Das Handy von morgen ist daran nicht interessiert.

Vor nicht allzu langer Zeit, als die alte Utopie-Geschichte als Geschichte sozialer Utopien noch nachwirkte, ist immer wieder versucht worden, die Euphorie über die wachsenden Möglichkeiten der Dingwelt mit euphorischen Bildern von künftigem sozialem Leben zu illustrieren. Diese Versuche haben sich viel zu schnell als geradezu lächerlich herausgestellt. Das allerdings wurde den Dingen peinlich. Damals, in den Zeiten des deutschen Wirtschaftswunders, gab es z.B. eine Zeitschrift namens »Hobby«, die noch in meiner Jugend eine große Rolle als Zentralorgan für die Umwälzung der gesellschaftlichen Vorstellungen von der Zukunft spielte. Im Grunde war die Zeitschrift »Hobby« damals der Nostradamus aller technisch interessierten Pubertierenden. Ich kann mich gut daran erinnern, daß mir »Hobby« irgendwann in den sechziger Jahren des vorigen Jahrhunderts folgende glückselige Zukunft für das Jahr zweitausend versprach, illustriert mit einer doppelseitigen fotorealistischen Zeichnung: Ich werde als erwachsener Mann mit silbernen Strampelhöschen in einem uterusartigen Designer-Sessel sitzen, neben einer Frau in einem Overall, der praktischerweise überall Reißverschlüsse hat. Ein vierschrötiger Roboter serviert uns Drinks, während wir den romantischen Blick durch das Panoramafenster des Wohnzimmers auf einen Atommeiler im strahlenden Abendlicht genießen.

Dieses Bild wirkt nicht erst heute ungemein lächerlich. Was aber ist an diesem Bild so lächerlich, daß es uns geradezu peinlich berührt? Es ist der Mensch, dargestellt im sozialen Kontext einer Dingwelt, die die Bildgewalt über die Zukunft an sich gerissen hatte. Der Mensch mußte also aus den Bildern der Zukunft verschwinden. Bleibt real übrig: der Atommeiler. Das ist natürlich auch eine Wahrheit. Erst recht, wenn wir die ausgeblendete gesellschaftliche Wahrheit wieder einblenden: Diese Atomkraftwerke gibt es heute wirklich, obwohl, vorsichtig geschätzt, 90 % der Menschen sie nicht haben wollen, und schon gar nicht vor ihrem Wohnzimmerfenster. Diese Entwicklung ist übrigens auch symptomatisch für die Entwicklung der Demokratie.

Wir kommen nun zum vorläufig letzten Kapitel der Geschichte der Zukunft. Ich habe gesagt, daß historisches Wissen heute genügt, um auf der Basis der aktuellen gesellschaftlichen Dynamik ein relativ präzises Zukunftsszenarium zu entwerfen. Natürlich geschieht das nicht. Der Grund dafür ist nicht nur, daß von einem Historiker niemand Prophetien erwartet, so wohlbegründet er sie auch ableiten könnte, sondern auch, weil sich das Interesse der Menschen an der Zukunft, ihre

Neugier, ihre Ansprüche auf allfällig Kommendes mittlerweile auf historisch einmalige Weise gewandelt haben. Die Frage, wie sich die Zukunft entwickelt, beschränkt sich heute auf Untersuchungen der zukünftigen Nachfrage. Sie bestimmt die weitere Entwicklung der Dingwelt, also der Welt, die wir wahrnehmen. Was wird in ausreichendem Maße verkauft werden können? Wie weit können soziale Standards weiter gesenkt werden, so daß die Produktion billiger wird, aber immer noch ein ausreichend großer Markt von Konsumenten erhalten bleibt? Konsumenten, das sind, wie wir uns jetzt erinnern, diese Erwachsenen in silbernen Strampelhöschen – aber das stellen wir jetzt nicht mehr so dar. Aber wir hören, wie jetzt ihre Frage an die Zukunft lautet. Nämlich: »Werde ich mir das Handy der Zukunft noch leisten können?«

Zur trostvollen Beantwortung dieser Frage ist ein neuer Beruf entstanden, der auf entsprechend zeitgeistige Weise seine Vorläufer, nämlich den Propheten, den Hellseher, den Aufklärer und den politischen Visionär, abgelöst hat: der Zukunftsforscher. Wer heute Zukunft erforscht, kann, wie wir gesehen haben, kein Interesse mehr haben an der gesellschaftlichen Vernunft und den sozialen Sehnsüchten, die historisch im Begriff Zukunft steckten. Die Aufgabe des heutigen Zukunftsforschers ist es daher lediglich, die Ergebnisse der Marktforschung als Verheißung für die Zukunft zu verkünden und nebenbei die Menschen, die womöglich doch rebellieren wollen, zur Räson zu rufen.

Ein Beispiel: Der »Zukunftsforscher« Matthias Horx hat jüngst einen Artikel veröffentlicht, in dem er ein Ende der gesellschaftlichen Klagen über die gesellschaftliche Entwicklung einmahnte. Er führte die Renditen der großen Konzerne als Beweis dafür an, auf welch beeindruckende Weise der gesellschaftliche Reichtum wachse, und leitete davon seine Vision ab: Das Glück der Menschen werde künftig Zustimmung zu dem Glück sein, das sie immer noch hätten, oder es werde nicht sein. Und er wurde deutlich: Selbst nach Hartz IV habe jeder unselbständig Beschäftigte immer noch die Kaufkraft und die soziale Sicherheit der unselbständig Beschäftigten des Jahres 1970, und damals seien auch alle zufrieden gewesen. Die Qualität der Waren aber habe sich seither radikal verbessert.

Nun genügte mir ein kurzer E-Mail-Wechsel mit dem Statistischen Bundesamt Deutschlands, um über die Zahlen für folgende Gegenrechnung zu verfügen: Würde man heute (gerundet) 31 % des festen und 77 % des mobilen Kapitals vergesellschaften, hätten die Eigentümer an den Produktionsmitteln immer noch Verfügungsgewalt über Kapital auf dem Stand von 1970 – und damals waren sie doch auch mit ihren Renditen glücklich. Noch dazu ist seither die Qualifikation der Beschäftigten, also das sogenannte Humankapital, radikal gestiegen.

Hätte Matthias Horx diesen so simplen wie logischen Sachverhalt mitbedacht, man könnte ihn zumindest einen seriösen Trendforscher nennen – der die Beurteilung des Trends der Gesellschaft nicht bloß den Betriebswirten überlassen kann.

So aber zeigt sich am Ende der Geschichte der Zukunft lediglich das Bedürfnis nach einer Verewigung der Gegenwart, die nicht mehr imstande ist, weiter zu denken, als es eine Kostenrechnung heute erlaubt. Das ist weniger, als uns die Jahrmarktverballhornung unserer Zukunftsneugier bietet, nämlich die Kristallkugel. Diese antwortet zum Beispiel auf die Frage, wie alt ich werde, verläßlich damit, daß ich sehr alt werde. Matthias Horx aber antwortet, daß »wir alle« immer älter werden, auf Grund der Entwicklung von Geräten, die die Lebenserwartung erhöhen werden – aber mir sagt er warnend, daß ich mir die Gerätemedizin womöglich nicht werde leisten können. Allerdings habe ich die Aufgabe, glücklich damit zu sein, daß die Lebenserwartung objektiv statistisch wächst. Zugleich aber habe ich die verdammte Verpflichtung, deswegen weitere Einbußen hinzunehmen, weil das statistische Anwachsen der Lebenserwartung (ausgenommen meiner) das Pensionssystem verteuert. In diesen Rechnungen ist nie das simple Faktum enthalten, daß der Anteil des BIP an der Sozialvorsorge seit über zehn Jahren kontinuierlich sinkt. Es ist schauerlich, daß das ein Dichter sagen muß, aber es ist ein Faktum, in dreifacher Hinsicht – es ist überprüfbar und wahr, und es kommt in unseren Zukunftsdiskussionen nicht vor, und es bewirkt die gesellschaftlichen Vibrationen, die ich als Dichter, der von der Realität erzählen will, spüre: Wäre der prozentuelle Anteil des BIP an der Finanzierung des Sozialsystems heute wenigstens so hoch wie im Jahr 1990, hätten sowohl die Pensionskassen als auch die Krankenversicherungsanstalten einen Überschuß. Und damit keine überspannten Phantasien aufkommen: wir reden über rund drei Prozent des BIP damals, und von weniger als zwei Prozent des BIP heute.

Das ist also das vorläufige Ende der Geschichte der Zukunft: Der Zukunftsforscher kann sich vorstellen, was sich zeitgeistig machtvolle Interessen gerne vorstellen mögen – nur eines kann er sich nicht vorstellen, und das wäre eben das Minimum von Zukunftsdenken: Er kann sich die gesellschaftlichen Konsequenzen nicht vorstellen, die seine Vorstellungen haben werden.

Es tut mir leid, aber ich muß mir jetzt vorstellen, wie der Zukunftsforscher abends nach Hause kommt. Er ist erschöpft, hat müde Augen. Er wird empfangen von seiner Frau, die ihn in einem uterusartigen Designer-Sofa erwartet hat.

»Wie war dein Tag, Schatz?«

»Weißt du doch! Wie gestern. Hab wieder die Zukunft erforscht!«

Was hat das mit Literatur zu tun? Noch nichts. Aber als Voraussetzung alles. Das ist eben die Welt, in der heute Literatur entsteht und für die sie ihren je eigenen Ausdruck finden will. Ich rede also von den zeitgenössischen Voraussetzungen für Literatur. Denn irgendwann wird sie, wie immer, nicht mehr anders gelesen werden können als dahin gehend, ob sie zu erzählen und darzustellen verstand, was vorging, scheinbar und unscheinbar. Beides. Dazwischen befindet sich wie gesagt jener Spalt, in den sich Literatur hineinzwängen muß, um die Realität und zugleich das noch nicht Geschriebene aufschreiben zu können. Diesen Spalt will ich noch ein wenig dehnen und ausweiten, um mir Raum zu verschaffen. Den brauche ich zum Atmen – und für die Literatur braucht man einen langen Atem.

Wir haben also allein schon an der Entwicklung des Begriffs Zukunft, an der Art und Weise, wie die historischen Konstanten dieses Begriffs zuletzt radikal geändert wurden, sehen können, daß unser Wirtschafts- und Gesellschaftssystem heute die fixe Idee hat, sich zu verewigen. Dafür, daß ein System sich schützen und absichern will, kann man es nicht kritisieren. Aber seit Beginn der Moderne, wie wir bereits gesehen haben, macht es einen Unterschied, ob es Zukunft für sich beansprucht oder Verewigung, ob es sich immer wieder aufs neue als vernünftiger erweist als jede sich auftuende Alternative, ja sogar Alternativen in sich integrieren kann, oder ob es sich wesentlich darüber zu legitimieren versucht, daß es ohnehin keine Alternative gibt, daß jeder Widerspruch – als gäbe es keine systemimmanenten – etwas dem System Äußerliches und Böses ist, verblendete Idee böser Fanatiker, und daß in Wahrheit schicksalshaft ist, was geschieht.

Das kann für einige Zeit nur funktionieren, wenn der Glaube daran orthodoxer Glaube wird, geradezu sittliche Grundlage der Entscheidungen, die getroffen werden und die wir deswegen akzeptieren. Dieser Glaube muß also politisch die Qualität einer Religion annehmen. Wir müssen uns daher, wie zu Beginn der Aufklärung, heute auch wieder mit Glaubensfragen und Religionskritik auseinandersetzen.

Der Glaube wächst und wird zur gesellschaftlichen Gewalt, wenn er gleichzeitig zwei scheinbar widersprüchliche Bedingungen erfüllt: wenn einerseits sehr wenige und andererseits zahllose Informationen verfügbar sind, die sich zum Schaudern der Menschen in den Weiten des Alls verlieren, dem Platz Gottes und der Sateliten, die mehr wissen, als der Mensch nachvollziehen kann.

Diese Dialektik aus wenigen einfachen Glaubenssätzen und zahllosen kompliziert zu interpretierenden Botschaften war schon immer das Erfolgsgeheimnis der Weltreligionen. Die Menschen wußten vieles nicht, konnten sich vieles nicht erklären. Die Religionen boten aber nicht nur ihre Glaubensinhalte als Erklärung und Trost an, sie schoben dieses Angebot so recht erst durch eine unendliche Vermehrung von Informationen an, zahllose, immer komplexer werdende Interpretationen der Glaubensinhalte, immer neue Exegesen, Analysen, daraus abgeleitete Regeln, Schlußfolgerungen, die wieder nur den Anfang für neue Interpretationen lieferten – bis sich zuletzt eine in sich unendlich komplizierte, in der Praxis aber sehr simple Orthodoxie ergibt, die nicht mehr angezweifelt werden kann. Das ist der Weg, der von den Paulus-Reisen bis zum Kirchenstaat Vatikan geführt hat, von den ersten Exegesen des Gotteswortes bis zu den unzähligen widersprüchlichen Interpretationen und Deutungen des »Testaments« des Papstes Johannes Paul II. in allen Weltmedien. Das ist der Weg von der Organisation von Glaubensinhalten zur Etablierung einer weltlichen Macht. Am Ende lebt der Gläubige auf der Basis seiner wenigen, relativ einfachen Glaubensinhalte, die er mehr oder weniger getreulich befolgt, spirituell oder bloß kulturell, aber er erlebt oder empfindet diese Welt seines Glaubens grundsätzlich als ein so ungeheuer komplexes Gebilde, daß er darin völlig ergeben ist und sich in der Regel auch keinen anderen Glauben vorstellen kann als den, den er hat.

Genau so kann auch aus einer weltlichen Macht eine Religion werden. Die modernen Gesellschaften verfügen über eine unübersehbare, unendlich komplex zu interpretierende Menge an Informationen, verbreiten aber zugleich verblüffend wenige, die für das Wissen um das Funktionieren dieser Gesellschaften essentiell wären. Dazu bedarf es keiner Verschwörungstheorie, das hat sich keiner ausgedacht, das ist Folge der immanenten Dynamik eines Systems, das sich verewigen will. Der Kapitalismus wird Religion, will sozusagen auf diese Weise sein weltliches Ablaufdatum transzendieren. Gerade in diesen Tagen wäre besonders deutlich zu sehen, wie sich Religion und politische Ideologie in ihren Techniken immer mehr angleichen. Wir haben ungeahnt viele Informationen aus den Eingeweiden des Vatikans erhalten. Diese Informationen bestanden allerdings wesentlich aus Vermutungen, Gerüchten, Stimmungen und deren Interpretationen und Analysen, die zu neuen Vermutungen Anlaß gaben. Zugleich haben wir erfahren, daß Papst Johannes Paul II. in seiner Lebenszeit Schriften mit Auslegungen, Entscheidungen, Weisungen und Kirchengesetzen im Umfang von einhunderttausend Seiten produziert und hinterlassen hat. Wer hat diese hunderttausend Seiten gelesen, wer wird sie jemals zur Gänze lesen? Ebenso erhalten wir heute unendlich viele Informationen aus den innersten Zirkeln der politischen Weltmächte, etwa aus dem Weißen Haus – Interpretationen von Andeutungen, Gerüchte über Meinungsverschiedenheiten, tief eingesogene und aufgeregt ausgeatmete atmosphärische Partikel, die wieder Analytiker und Interpreten auf den Plan rufen. Was erfahren wir aus diesen vielen Informationen? Nur dies: Es gibt unendlich viele! Und so viele Möglichkeiten, sie zu interpretieren. Was wissen wir? Nichts. Wissen Sie, wie viele Seiten »Verordnungen« jährlich in Brüssel und Straßburg produziert werden? Wer hat sie gelesen? Aber sie haben Gesetzeskraft in Europa. Was bleibt? Der Glaube. Nämlich der Glaube, daß es gar nicht anders sein kann, daß alles viel zu komplex ist, um anders sein zu können. Der Glaube gibt Sicherheit und – er nimmt sie. Er muß nehmen, um geben zu können. Das ist das ökonomische Gesetz der Ideologien.

Bei der Weihe des neuen Papstes Benedikt sorgten militärische Einheiten und Tausende Sicherheitsbeamte für Sicherheit. Die italienische Regierung hat ein Flugverbot über Rom erlassen, ausgenommen Aufklärungsflugzeuge. Das fand ich besonders charmant: Über der Inthronisation eines Papstes kreisen Flugzeuge der Aufklärung.

Die Staatschefs aller Industrienationen oder ihre Stellvertreter waren zu diesem Ereignis gekommen – das, wie ich dem Internet entnahm, an diesem Tag einen »Sicherheitsaufwand« notwendig machte wie zuletzt nur bei den Olympischen Spielen.

Wir erhalten also folgende Informationen: Wir wollen spielen. Aber dazu brauchen wir Kampfflugzeuge. Wir wollen beten. Aber dazu brauchen wir militärische Einheiten und Aufklärungsflugzeuge. Sehen Sie, wie der Spalt sich öffnet? Und was hält diesen sich öffnenden Spalt wie eine eiserne Klammer zusammen? Was sichert uns heute das Leben, ohne daß wir in die Abgründe dieser Realität stürzen? Wir wollen unsere Waren auf immer größer werdenden Märkten verkaufen – und dazu brauchen wir militärische Einheiten und Kampfflugzeuge. Auch und erst recht gegen konkurrierende Religionen, die sich so sehr als weltliche Macht erweisen, wie unsere weltliche Macht den Charakter einer Religion angenommen hat.

Wie immer es den besten Ärzten der westlichen Welt gelungen ist, den Gott, der am Beginn unserer Epoche bereits unbewiesen in seinem Blute schwamm, wieder zu reanimieren – diese Reanimation ist, in Gesellschaftstheorie übersetzt, wieder nur ein Symptom für den restaurativen Charakter der Gegenwart. Nicht was wir wissen können, sondern was wir glauben, definiert unsere Zeitgenossenschaft.

Das zunächst Befreiende und zugleich auch schon Problematische an der Nachkriegszeit, also der Zeit der Grundlegung unseres Gesellschaftssystems, war, daß allein schon das Ende des totalen Terrors und der Gewalt als Freiheit und die bloße Vermehrung der Waren bereits als wachsende Freiheit erlebt wurden. Das hat sich tiefer im gesellschaftlichen Bewußtsein eingeprägt als die gesellschaftlichen Übereinkünfte, die damals getroffen wurden und die das Wachsen des Reichtums in Sicherheit erst ermöglicht hatten. Nur so ist zu verstehen, daß der Abbau dieser Übereinkünfte, die die soziale Sicherheit garantiert hatten, heute als Sicherheitsmaßnahme verstanden wird, wobei er notwendig erscheint, um nichts als das Wachstum der Warenproduktion zu sichern.

Wenn es eine Gesellschaft hinnimmt, daß im Zentrum ihrer politischen Anstrengungen die Absicherung der Freiheit des Kapitals und nicht mehr anteilmäßig auch die der Menschen steht, nicht deren Grundsicherung und wachsende Freiheit, sondern nur noch die konsequente Absicherung der Systembedingungen eines in wachsender Freiheit wachsenden Kapitals, dann wurde offensichtlich hingenommen, daß bloße Systemzwänge genügen, den gesellschaftlichen Grundkonsens aufzukündigen – einen gesellschaftlichen Konsens, der Begründung und Legitimation dafür war, daß Menschen sich auf dieses System geeinigt haben. Diese Aufkündigung führt wieder zu wachsenden Zwängen für die Gekündigten. Denn so wird die Sicherheit des Systems zur gesellschaftlichen Bedrohung. Eine Bedrohung, die über die je individuellen Unsicherheiten und Ängste hinaus allerdings noch nicht als gesellschaftliche Bedrohung empfunden wird, weil wir in diesem einzigen Punkt immer noch im Schatten des letzten Weltkriegs leben: Wir haben gelernt, Freiheit alleine schon dann zu empfinden, wenn kein Staatsterror, keine militärische Gewalt eine allgegenwärtige kollektive Bedrohung von Leib und Leben darstellen. Das heißt, wir sind, was unser Freiheitsgefühl betrifft, zurückgefallen auf den Bewußtseinsstand einer Butterblume im Naturreservat.

Es ist natürlich die Frage, ob dieser Zustand nicht auch in gewissem Sinn die Einlösung einer Utopie ist. Nur hätte ich gerne, bevor ich diese Frage möglicherweise mit Ja beantworte, vorher die Frage gestellt bekommen, ob ich das so wollte und will. Und natürlich hätte ich gerne, bevor ich möglicherweise, und ich betone: möglicherweise, mit Ja antworte, gerne gewußt, welche Garantien ich habe, daß mein Naturreservat nicht doch noch gerodet wird. Diese Garantie gibt es nicht, es gibt überhaupt keine Garantien, wie man gerade heute wieder feststellen muß. Deshalb müssen wir uns doch wieder über den Bewußtseinsstand der Butterblume erheben.

Denn alleine die Willkür in Hinblick auf die Gültigkeit von Garantien führt zunächst zum Wachsen der Willkür und nicht zum Wachsen des Widerstands. Menschen werden gefügig, ihre Rechtlosigkeit zeigt sich als böse Überraschung erst am Ende.

Wir leben heute in Frieden. Es kreisen keine Kampfflugzeuge über Frankfurt. Doch erst wenn wir das Fehlen von Kampfflugzeugen über unseren Köpfen nicht mit Freiheit verwechseln und erst wenn wir Kampfflugzeuge über unseren Köpfen nicht als Maßnahme zu unserer Sicherheit gläubig hinnehmen, können wir begreifen, daß wir jetzt und hier, in unserer Lebenszeit und an unserem Lebensort nichts anderes erleben als einen subtilen Terror der Befriedung – die nicht dem Frieden der Bürger dient, sondern bloß der Sicherheit des Systems.

Ich kann nachvollziehen, daß Menschen nach dem Zweiten Weltkrieg mit dem Angebot »Du bist Bürger, du hast Rechte!« einverstanden waren. Aber ich kann nicht verstehen, daß sie heute auf den Satz »Wir können deine Rechte nicht garantieren, aber auch ohne Rechte bleibst du unser Bürger!« mit »Okay!« antworten.

Damit Sie begreifen, daß das im Gegensatz zu allem, was wir glauben, keine Frage ist, die mit Glaubenssätzen beantwortet werden kann, möchte ich Ihnen eine ganz einfache Frage stellen, unter Voraussetzung der unendlich vielen Informationen, über die Sie als Konsumenten der Zeitungen und Fernsehnachrichten verfügen: Wissen Sie, wenn Sie wählen gehen, in welche Verantwortung Sie Ihre Abgeordneten wählen? Kennen Sie das Grundgesetz, die Verfassung Ihres Staates? Wenn ja, kennen Sie den letzten Stand oder nur das, was Sie in der Schule gelernt haben? Wenn Sie den aktuellen Stand der Verfassung kennen – wieso gehen Sie dann noch wählen?

Jetzt machen wir einen Schritt von dem, was Sie glauben, zu dem, was wir wissen müssen. Die Mitgliedstaaten der Europäischen Union haben in einer Art Generalermächtigung die Gesetzgebungskompetenzen auf die EU übertragen. Damit die EU-Gesetze direkt in jedem Mitgliedstaat wirken können, wird in den Mitgliedstaaten eine Verfassungsänderung vorgenommen, die das innerstaatliche Rechtssystem für die EU öffnet. Nun kann die EU Gesetze erlassen, die direkt für alle Bürger der Mitgliedstaaten gelten. Diese Gesetze heißen »Verordnungen«, sie gelten unmittelbar, dazu kommen die sogenannten »Richtlinien«, die erst durch ein innerstaatliches Gesetz zur Anwendung gebracht werden müssen. Allerdings müssen. Das heißt, daß die Abgeordneten, die Sie wählen, überhaupt nicht mehr die Aufgabe haben oder auch nur einen Gedanken daran verschwenden müssen, Ihrem Wählerauftrag zu folgen, ihre verfassungsgemäße alleinige Aufgabe ist es, aus EU-Vorgaben staatliches Recht zu machen, ob das die Wähler wollen oder nicht.

Nun werden sukzessive immer mehr Kompetenzen auf die EU übertragen, das heißt, die EU kann in immer mehr Bereichen Gesetze erlassen, an denen die nationalen Parlamente so gut wie nicht mehr beteiligt sind. Wir können allerdings nichts anderes wählen, als unser nationales Parlament.

Ich habe bereits lange über die Alternativlosigkeit gesprochen, die das heutige Lebensgefühl prägt. Hier sehen Sie die materielle Basis dieses Dunsts: Sie haben tatsächlich keine Wahl. Was oder wen immer Sie wählen, Ihre Abgeordneten sind nicht an den wie immer zu interpretierenden »Wählerwillen« gebunden, sondern ausschließlich an die Vorgaben einer Instanz, die von Ihnen nicht gewählt wurde. Nun können Sie zum Trost noch ein sogenanntes »Europäisches Parlament« wählen – das allerdings keine gesetzgebende Funktion hat, sondern bloß beratende, anders gesagt: atmosphärische.

Die demokratischen Mitgliedstaaten der EU haben sich also eine demokratisch nicht legitimierte übergeordnete Instanz gegeben, die auf sehr schnelle und flexible Weise undemokratisches Recht erlassen kann, das grundsätzlich Wirtschaftsrecht ist, aber, wie wir nicht zuletzt von Karl Marx wissen, nach und nach in alle gesellschaftlichen Bereiche hineinwirkt.

Ich bin nach einiger Beschäftigung mit dieser Frage zu der Überzeugung gelangt, daß das ganze Gerede von der »Brüsseler Bürokratie« eine Entlastungsideologie ist: Das Ganze funktioniert unglaublich unbürokratisch und schnell – im Sinn der »Wirtschaft«.

Gleichzeitig haben sich die nationalen Verfassungsgerichte von ihren Kontrollbefugnissen zurückgezogen. Auf Verlangen der EU. Die Begründung dafür ist, daß die Harmonisierung und Einheitlichkeit des EU-Rechts praktisch nicht funktionieren kann, wenn jeder Verfassungsgerichtshof jedes Mitgliedstaates irgendwelche Einwände geltend macht.

Diese Harmonisierung ist schon begrifflich ein Skandal. Wenn Sie in Ihren Zeitungen irgend etwas über die Harmonisierung lesen, lesen Sie das? Oder blättern Sie glücklich um, weil das Signal »Harmonisierung« bereits ausgereicht hat, Ihr Gemüt zu harmonisieren?

Auf diese Weise werden die Rechtsordnungen aller Mitgliedstaaten einander angeglichen, zum Teil so, daß sie völlig verkehrt werden und Bürgerrechte außer Kraft setzen, konsequent undemokratisch, weil ohne Parlamentsbeteiligung und ohne Bürgerbeteiligung.

Es genügt ein EU-Erlaß, und dieser ist Gesetz in allen Mitgliedstaaten, egal wer oder was warum dort gewählt wurde.

Haben Sie sich jemals klargemacht, was das bedeutet?

Es bedeutet nichts für die Butterblumen im Reservat.

Das Ganze ist natürlich nicht Folge eines perfiden Masterplans, sondern simple Konsequenz der Systemlogik.

Und die Menschen? Gut, daß Sie mich daran erinnern. The human factor. Der zeigt sich hier auf zweierlei Weise. Erstens dadurch, daß Sie wählen gehen und sogar dann, wenn Sie Ihre Wahlentscheidung reiflich überlegt haben, nicht wissen, was Sie tun.

Und zweitens darin, daß die Menschen, die Einzelnen, die Individuen, die überhaupt noch die neurotische Energie aufbringen, in diesem System zu formalen Entscheidungs- und Verantwortungspositionen vorzustoßen, sich sofort von ihrer Biographie abkoppeln, um mitzufunktionieren, in der Regel auf eine Weise, die dieses System sogar noch radikalisiert. Zum Beispiel Otto Schily. Der ehemalige Anwalt der RAF ist heute völlig getrieben von Fragen der Sicherheit – nicht der Bürger, sondern des Systems. Er will unbedingt diese Pässe mit biometrischen Daten einführen, die aus vielerlei Gründen bürgerrechtlich höchst problematisch sind. Schily weiß genau, daß er zu Hause den Hintern versohlt bekommt, wenn er versucht, auch nur seine eigene Partei für diese Idee zu gewinnen. Was also macht er? Er setzt seine Idee auf EU-Ebene durch, kommt mit hängenden Ohren nach Hause zurück und zuckt vor dem deutschen Parlament die Achseln: »Tut mir leid, Leute, die EU hat es so beschlossen, da können wir nichts machen!«

So funktioniert es tatsächlich. Ich interpretiere nichts, ich referiere nur. EU-Verordnungen gelten als Gesetze unmittelbar in jedem Mitgliedstaat, und EU-Richtlinien müssen als nationale Gesetze in den Parlamenten beschlossen werden. Und jetzt frage ich Sie noch einmal, ob Sie wissen, was Sie wählen, wenn Sie wählen gehen? Wie kann ein im Bundestag verabschiedetes Gesetz demokratisch sein, wenn schon vorher und unabhängig von jeglichem Wahlergebnis feststeht, daß dieses Gesetz erlassen werden MUSS?

Was wird hier verabschiedet? Ein Gesetz oder die Demokratie?

Noch einmal: Ich interpretiere nichts. Ich referiere. Fakten aus der Welt, in der ich schreibe. Eine Realität, von der ich überzeugt bin, daß sie die Köpfe der Menschen wäscht, und damit auch die der Figuren der Literatur, die jetzt geschrieben werden muß.

Es ist seltsam: Die in Verantwortung gewählten Menschen müssen Entscheidungen von Nichtgewählten, sozusagen von System-Interessen, exekutieren und müssen innerstaatlich nicht einmal Verantwortung dafür tragen – es war ja die EU!

Erst jetzt beginnt die Interpretation: Meine These ist, daß dies »Absicht« war. Ich meine damit nicht die Absicht einzelner böser Politiker oder gar Weltverschwörer, die sich jetzt zufrieden die Hände reiben, sondern System-Absicht. Jedes System entwickelt auf Grund seiner inneren Logik und Dynamik einen eigenen Willen.

Unser System versprach wachsende Freiheit, Sicherheit und Partizipation – es hat dieses Versprechen erfüllt. Leider nicht uns. Sondern nur dem Kapital. Das sich nach 1945 uns noch einmal ganz unschuldig angedient hatte als bloße ökonomische Grundlage unserer Freiheit. Man wird wahrscheinlich im Rückblick einmal feststellen, daß die EU von den demokratischen kapitalistischen Staaten zur Überwindung der Demokratie gegründet wurde. Eine sanfte, unbemerkte Revolution. Noch. Noch sanft.

Noch kein Sicherheitssystem und kein Glaube hat aber jemals verhindern können, daß die Eigendynamik eines Systems irgendwann einmal die Systemgrenzen sprengt. Ich habe vorhin gesagt, daß unser System die fixe Idee hat, sich als Wirtschaftssystem zu verewigen. Um dies zu erreichen, ist es, wie wir jetzt sehen, nicht nur bereit, sondern bereits äußerst erfolgreich dabei, zur Sicherung unseres Wirtschaftssystems unser politisches System zu sprengen. Merken Sie es? Daß es so ist, erscheint allerdings nicht auf dem Display Ihres Handys, auch nicht auf dem Display Ihres Handys der Zukunft.

Kassandra blickt zurück. Über ihr kreisen Kampfflugzeuge. Aus diesem Bild ist alles, was ich gesagt habe, gleichsam herausgepurzelt – Einsichten in eine Entwicklung, für die man kein Prophet sein muß. Ich halte fest: Ein Gesellschaftsvertrag, der ohnehin nur das Minimum aufgeklärter Forderungen garantierte, wurde einseitig aufgehoben. Darüber aber wurden wir nicht informiert, obwohl wir unendlich viele Informationen bekommen. Das Kapital sprengt seine Fesseln und damit unser politisches System der Partizipation und Selbstbestimmung. Wir nehmen das hin und sehen jetzt uns in Fesseln – die wir aber immer noch für einen Verband für die Wunden der Vergangenheit halten.

Eines hat das System objektiv besser begriffen als die Menschen, die alternativlos an es glauben: Nichts, was einen Anfang hatte, ist unendlich.

Das ist der Grund für all die Sicherheitsmaßnahmen, die uns so verunsichern.

Wenn endlich auch wir das begreifen, dann, ja dann kann Zukunft wieder ein zeitgenössisches Projekt werden! Nichts, was einen Anfang hatte, ist unendlich.

Eines habe ich Ihnen verschwiegen: nämlich Kassandras letzte Worte, bevor sie sich wieder in ihre Höhle zurückzog. Die muß ich jetzt nachtragen.

Da waren keine Touristen mehr. Sie wissen, die Spiele! Da waren nur noch ich und diese zerstörte, immer noch faszinierende Frau, der ein Mann, der als Gott auftrat, in den Mund gespuckt hatte, damit keiner ihr glaubt. Und da sagte sie –

Eines muß ich noch vorausschicken: Wenn Sie sich von dieser Vorlesung nichts merken, so bitte ich Sie, sich zumindest diesen einen Satz, diesen letzten Satz von Kassandra zu merken, in dem sich Geschichte und Zukunft immer wieder, also auch heute, berühren, den Satz, den Kassandra am Ende sagte:

»Die Mitläufer sind die Täter!«

Denn der Friede, den sie heute geben, führt zum Terror von morgen.

IV
Plädoyer für die Gewalt

Sehr geehrte Damen und Herren!

Ich muß Ihnen heute etwas gestehen:

Ich habe einen Menschen umgebracht.

Daß mein Opfer vielleicht überlebt hat (zumindest wurde seine Leiche nie gefunden), entschuldigt mich nicht. Denn immer, wenn ich darüber nachdenke, muß ich mir eingestehen, daß meine Handlungen geeignet waren, den Tod dieses Menschen herbeizuführen, und daß ich mir über diese Konsequenz im Moment meiner Tat leider auch bewußt gewesen bin.

Und das kam so:

Vor einigen Wochen bin ich mit meinem Freund Paul abends einen trinken gewesen. Wir tranken wohl ein bißchen zu viel, es wurde spät, weit über Mitternacht. Höflich hatten wir uns zu Beginn wechselseitig nach dem Wohlergehen unserer Frauen erkundigt, haben danach die weltpolitische Lage diskutiert, um dann wieder beim Thema Frauen zu landen, was ein untrügliches Zeichen dafür war, daß die Nacht ausklang. Es beginnt mit den Frauen und endet mit den Frauen – dieses anthropologische und historische Gesetz erweist sich im Kleinen regelmäßig in der Gesprächsdramaturgie trinkender Männer. Schließlich standen wir müde auf der Straße vor der Pik-Dame-Bar, wollten uns gerade verabschieden, da kam ein feister junger

Mann heraus, der so betrunken war, daß er wankend mit den Armen ruderte, um sein Gleichgewicht zu finden. Plötzlich stand er direkt vor uns, betrachtete ganz erstaunt seinen ausgestreckten rechten Arm, der vor mir schwebte, als wollte er sich an mir festhalten und gleichzeitig auch nicht, weil er seine Handfläche so abwehrend aufstellte – er ließ seinen Blick gleichsam vom Arm bis zum Handrücken hochkrabbeln, wobei er sein Kinn vorreckte, und sagte schließlich fast erstaunt: »Heil Hitler!«

Ich rief, er solle das lassen, aber er grinste und sagte so richtig glücklich noch einmal: »Heil Hitler!«

Ich weiß nicht, ob er das für einen Witz hielt, wegen seines Arms, den er wie ein balancesuchender Seiltänzer so ausgestreckt hatte, oder ob er einfach die Provokation genoß oder ob er der Typ war, bei dem im Rausch herausquillt, was er insgeheim denkt, aber das war unerheblich, plötzlich ging es um etwas anderes.

Ich habe noch nie jemanden geschlagen. Ich habe als Kind nie gerauft. Ich bin viel zu behütet aufgewachsen. Jetzt! Habe ich gedacht. Er hatte alles, was ich brauchte. Er war ein feister Kerl mit Speckhüften, kein Mannsbild, sondern dessen schwammige Karikatur, mit rosigen Wangen, auf denen ein paar Gläser Schnaps sich um zwei Uhr früh deutlicher zeigen als der Bartwuchs. Vor dem mußte sich keiner fürchten. Da konnte ich es endlich ausprobieren: der Stärkere zu sein. Sag das noch einmal! sagte ich und hielt ihm die Faust unter die Nase. Ich hätte mich fast angemacht. Nun wäre mir bereits lieber gewesen, wenn er jetzt abgewiegelt hätte: nur Spaß, nur ein Scherz, ein schlechter Scherz, komm, beruhige dich!

Aber er sagte, nun geradezu schon vor Vergnügen rot glänzend: »Was ist denn dabei? Heil Hitler! Sag ich!« – – Ich habe ihm direkt ins Gesicht geschlagen.

Endlich konnte ich einmal dieses Gefühl auskosten, wie es ist: jemanden zu schlagen, dieses Tabu zu brechen und den Körper eines anderen bewußt und willentlich zu verletzen, zu zerstören. Er fiel sofort um. Ich habe mich auf ihn gestürzt, seinen Kopf genommen und den völlig enthemmt immer wieder hochgehoben und auf den Boden geschlagen. Ich war im Begriff, ihn umzubringen. Da war plötzlich eine unbeschreibliche Lust, die mich erfüllte, als hätte ich, endlich befreit, nur darauf gewartet, es einmal zu dürfen. Ich durfte, weil ich eine Entschuldigung hatte: Er hat heil Hitler gesagt!

Ich dachte plötzlich, nein, ich dachte das nicht, das war gedankenlos, aber doch spürbar, in mir: Jetzt kann ich einen Menschen umbringen – und bin im Recht. Weil, er hat heil Hitler gesagt. Jetzt kann ich das Böseste tun, weil ich der Gute bin. Jetzt kann ich endlich diese Wollust auskosten und begreifen – einen Menschen zu vernichten. Eine lächerliche Existenz. Ein schwammiges Arschloch. Ein völlig banales, unwertes Leben. Ich fürchte, daß ich das wirklich gedacht habe: ein unwertes Leben! Ich riß seinen Kopf hoch, stieß ihn hinunter, immer wieder, auf, ab, auf, ab, das war Sex!

Paul! Er hat mich zurückgerissen. Er hat mich gerettet. Er hat diesen Menschen gerettet. Paul hat geschrien, aber von dem feisten Jungen kam kein Laut mehr. Plötzlich war ich nüchtern. Ernüchtert. Seltsam klar trübsinnig. Ein trauriges Tier.

Dann sind wir gelaufen, Paul und ich. Ganz schnell weggelaufen. Wie in diesen Träumen, in denen man läuft ohne Boden unter den Füßen.

Der Heil-Hitler-Junge ist nicht gestorben. Glaube ich. Ich habe tagelang die Zeitungen nur deshalb gelesen. Aber da stand nichts.

Ich weiß jetzt natürlich nicht, ob das, was ich Ihnen eben erzählt habe, wahr ist, wirklich auf der Straße vor der Pik-Dame-Bar passiert ist oder doch nur in meiner Phantasie, während ich alleine an meinem Schreibtisch saß. Aber so oder so, ich habe durch dieses Erlebnis etwas Wesentliches über Gewalt gelernt, das ich vorher, so banal es vielleicht ist, in meiner durch Erfahrung begründeten Angst vor Gewalt und meiner durch Bildung vernünftig begründeten Ablehnung von Gewalt nicht gewußt und nicht bedacht hatte. Ich habe gelernt, wie gut eine Gewalttat tut, wenn man in dem Gewaltverhältnis glaubt, der Gute zu sein. Wie befreiend Gewalt ist, wenn man sich von allen zivilisatorischen Übereinkünften befreit hat – außer von der Moral. Wenn also die Moral alleine und nackt dasteht – dann sagt ausgerechnet sie ganz kalt: Töte! Und du wirst ganz frei sein!

Denn die Moral kennt letztlich nur Gut und Böse, und wer Anlaß hat zu glauben, daß er der Gute ist, darf, wenn es im Bewußtsein keinen anderen Parameter mehr gibt, alles tun.

Also: Gut sein tut gut. Und wenn es einem im Gefolge des Gut-Seins doch wieder schlechtgeht, klammert man sich um so stärker an die eigentlich bereits widerlegte Moral: Ich war doch der Gute! Man kann nicht sagen: Ich war im Recht. Denn dieses Recht gibt es nicht. Man kann auch nicht sagen: Diese Tat war vernünftig. Denn hier war die Vernunft ausgeschaltet. Man kann auch nicht sagen: Dies war notwendig! Denn es bestand keine Notwendigkeit für diese Tat. Man kann es drehen und wenden, wie man will, es gab für den von mir beschriebenen Mordversuch nur eine einzige mögliche Begründung, nämlich die Moral. Ich rede jetzt nur von Begründung, nicht von Antrieb. Ich rede jetzt nicht von Entschuldigungen, die außerhalb meines Bewußtseins liegen, sondern von der Rechtfertigung, die ich als einzige geltend machen kann. Der mögliche Antrieb, soweit er interpretierbar ist, wird auch nur in und nach der Tat Bestandteil meines Bewußtseins, dann allerdings erst recht auf affirmative Weise: Moral verschafft nämlich Befriedigung, sogar wenn die Moral sich umkehrt, aber warum auch nicht: da steht die nackte Moral, dann dreht sie sich um – was soll nun an ihr weniger schön sein? Sie verschafft eine Befriedigung, die weit über das hinausgeht, was wir vor dem TV-Gerät, und nicht vor der Pik-Dame-Bar, für moralische Befriedigung halten – sie wildert lustvoll jenseits der Grenze zur sexuellen Befriedigung, sie erfaßt also den Menschen tatsächlich ganz. Und sie stellt eine Identität her, die wir auf dem Weg zur Arbeit, während der Arbeit und auf dem Heimweg von der Arbeit nicht kennen: Identität in der radikalsten Form des Begriffs – alles wird eins. Gut wird böse wird gut, Täter wird Opfer wird Täter, Antifaschist wird Faschist wird Antifaschist usw.

Ich habe also einen Mord begangen, oder, dieser Unterschied ist allerdings unerheblich, einen hoffentlich mißglückten Mordversuch, und befand mich danach, je mehr ich darüber nachdachte – im Mittelalter, also in einer besonders trübsinnigen Epoche der Menschheitsgeschichte, die deshalb aber zugleich intellektuell so faszinierend ist, weil sie nur über zwei Ressourcen verfügte: über Gewalt und Geist. Die Gewalt begründete sich auf christlicher Moral – über die der christlich moralische Geist, geschockt von dieser Gewalt, bis zur letzten Konsequenz nachdachte. Die überzeugende Erklärung für mein Handeln, die von jenen gefunden wurde, die so konsequent wie niemand zuvor und wenige danach über ein moralisch einwandfreies und gottgefälliges Leben nachgedacht haben, war sehr schlüssig: Es gibt kein moralisches, kein gutes Handeln in der Welt, kann keines geben. Denn alles gesellschaftliche Handeln führe zum »Vipernbiß der Imitatio«, wie es Augustinus formuliert hatte (eine Formulierung übrigens, um die ich ihn beneide – wieviel eleganter ist sie als die uns geläufige milieutheoretische Formulierung in Hinblick auf all unsere sozialen Brüche, Defekte und Widersprüche: »Daran ist die Gesellschaft schuld!«)

Augustinus meinte damit, daß alles Handeln augenblicklich von jedem Widerspruch, auf den es sozial stößt, affiziert und damit vergiftet wird und sich dadurch diesem schließlich gleich macht: aus moralischem Anspruch wird notgedrungen unmoralisches Handeln, aus Liebe zu einem Menschen Selbstliebe etc.

Die einzige Lösung aus dieser Aporie, daß Moral

das höchste Gut des Menschen und sie alleine zugleich für den Menschen nicht wirklich praxistauglich ist, kann nur die Abwendung von aller gesellschaftlichen Praxis sein. Also klösterliches Leben. Kleinste und radikal vereinheitlichte Produktionseinheiten des Lebens, Ordensbrüderschaft. Die Lösung war also die Einsicht, daß die nackte Moral, weil sie so verführerisch ist, gleichsam weggesperrt werden muß, um zu vermeiden, daß sie auf dem Marktplatz vergewaltigt wird.

Das ist aus zwei Gründen interessant: erstens weil sich in diesem Punkt die Geistesgeschichte selbst dort, wo sie sich widerspricht, als Kontinuität zeigt – denken Sie jetzt nur an die Lebensform von Spinoza oder Kant. Zweitens und vor allem deshalb, weil heute aus dem identischen Grund, der enormen Verführungskraft der Moral, genau gegenteilig mit ihr umgegangen wird: Die nackte Moral wird jetzt durch die Straßen getrieben, um die Menschen nach ihr lüstern zu machen, mit der Absicht, daß sie jeden Vernunftgrund ihres Handelns vergessen. Jeglicher gesellschaftliche Widerspruch, der letztlich Widerspruch zu den Moralphantasien der Gesellschaft ist, soll heute nicht vermieden, sondern vernichtet werden, in dem einen Weltteil physisch und in unserem ideologisch; das von der Moral angetriebene und die Moral antreibende Handeln will nicht die kleinste, sozusagen moralisch überschaubare, sondern die allergrößte Produktionseinheit, nämlich die ganze Welt, es fürchtet nicht den Vipernbiß der Imitatio, sondern will sich vielmehr dadurch impfen und züchtet die Vipern an der eigenen Brust, macht groß, was es vernichten muß, produziert die Krisen, die zu bewältigen es sich rühmt, vernebelt die Welt weihrauchschwenkend mit dem Rauch von Bomben, verwandelt mit sakralem Geraune Blut in Öl, macht aus gut Hoffenden hoffnungslos Gute, vernichtet zum Zweck des eigenen Überlebens nicht nur Leben, sondern sogar die Voraussetzungen des Lebens, alle natürlichen Ressourcen der Welt, und hat dafür keine andere Legitimation als diese: daß die nackte Moral auf dem Pranger des Marktplatzes ausgestellt ist und nicht widerspricht. Seht ihr sie nicht? Hört ihr etwas?

Nun mag diese Konsequenz eines mittelalterlichen Gedankens sehr zeitgenössisch sein und zeitgenössischen Interessen radikal entsprechen, die Grundlage solchen gesellschaftlichen Handelns, nämlich die radikalst mögliche Auslegung von Moral als Anweisung und Legitimation, bleibt dennoch mittelalterlich. Vormodern, voraufklärerisch, vor-vernünftig. Wir sind die Guten. Nur deshalb sind wir im Recht. Jeder Widerspruch ist böse, hat alleine dadurch, daß er Widerspruch zum Guten ist, bewiesen: Er ist das Böse. Er muß vernichtet werden. Es mag in den modernen Gesellschaften eine unendliche Differenzierung von Klassen und soziologischen Gruppen stattgefunden haben, es mag sich in der Welt eine unüberschaubare Vielfalt von Möglichkeiten entwickelt haben, mit Anstand und in Freiheit sein Leben zu machen, aber das moralisch legitimierte Handeln kennt nur zwei Klassen, nur zwei Möglichkeiten: Gut und Böse.

Man kann meine eingangs erzählte Geschichte also mit der Pointe abschließen, daß mein Verbrechen vor der Pik-Dame-Bar bloß darin bestand, daß ich extrem zeitgeistig gehandelt habe, typisch nach heutiger Systemlogik. Denn das zeitgenössisch Typische erweist sich nicht, wie wir gerne glauben wollen, im sogenannten »Rechtsruck«, der eben dazu führt, daß heute da oder dort wieder frei heraus »Heil Hitler!« gesagt werden kann, sondern darin, daß die Vernunft immer wieder umschlägt in Gewalt, die sich moralisch zu legitimieren versucht. Das Typische an der gesellschaftlichen Entwicklung ist ja nicht, daß durch die Dummheit solcher Heil-Hitler-Jungen, die ein bißchen gesellschaftlichen Rückenwind spüren, Hitler oder ein sogenannter »neuer Hitler« wiederzukommen droht, sondern daß wegen unser aller Dummheit gesellschaftliche Bedingungen wiederhergestellt werden, für die Hitler lediglich die Antwort der dreißiger Jahre des vergangenen Jahrhunderts gewesen ist, für die aber eine völlig neue Antwort gefunden werden wird, die wir aber eben deshalb nicht wiedererkennen. Der neue Hitler-Hype, der gegenwärtig auf dem Buch- und Zeitschriftenmarkt sowie in den elektronischen Medien stattfindet, ist daher nur ein Symptom der Entwicklung, bezeichnet aber nicht deren Typik und sagt schon gar nichts über deren Ausgang aus. Die Hitlerfolie hinter der statthabenden Entwicklung birgt allerdings eine Gefahr: daß wir alles nur als »halb so schlimm« sehen, solange es sich nicht als so schlimm erweist wie damals. Das ist lediglich der vorläufig letzte Stand des Betrugs, der gleich nach 1945 begonnen hat: daß die Freiheit von unmittelbar erlebter Gewalt bereits Freiheit und die Wahlmöglichkeiten im wachsenden Warenangebot bereits Demokratie seien.

Wesentlich typischer ist der gegenwärtige Hype um den »Pope-Star« – die Schamlosigkeit, mit der politisch zwar Moral als Legitimation für Gewalt, dieselbe Moral zugleich aber spirituell und geistig auch als Trost für die Gewalt angeboten und angenommen wird. Das vereinheitlicht die Welt auf eine (zunächst im philosophischen Sinn) totalitäre Weise, die wir historisch eben nur aus dem Spätmittelalter und der Vormoderne kennen.

Tatsächlich hat nichts die *Vereinheitlichung* der Welt so radikal befördert wie die neue radikale *Spaltung* der Welt in Gut und Böse. Das, was wir heute als Globalisierung erleben, ist *ideologisch* nichts anderes als die Moralisierung der Welt. Wir können die gegenwärtig statthabende Globalisierung und ihre Konsequenzen auf unser Leben gar nicht begreifen, wenn wir diesen ideologischen Überbau, unter dessen Baldachin sie voranschreitet, nicht mitreflektieren. Ich denke dabei noch gar nicht an solche Feinheiten, welchen Unterschied es macht, ob die Freiheit des Kapitals oder die Menschenrechte globalisiert werden – was im Moment ja noch insofern offen ist, als die USA sich einerseits weigern, die UNO-Menschenrechts-Charta zu unterzeichnen (mittlerweile als letztes UNO-Mitglied), andererseits die Menschenrechte als Legitimation ihrer militärischen Absicherung der Weltmärkte von ihren Soldaten vorantragen lassen.

»Globalisierung« ist zunächst nichts anderes als der Versuch, unsere Zeitgenossenschaft mit dem Glauben an Geschichtslogik, den wir verloren hatten, wieder zu versöhnen. Ein Versuch, der genau so funktioniert wie der unmittelbare Vorläuferbegriff unserer Welterklärungsversuche, nämlich der Begriff »Postmoderne«. »Postmoderne«: das schien zunächst auf sehr verführerische Weise begrifflich logisch, empirisch irgendwie immer wieder bestätigt, dann praktisch geradezu als Weltzustand irreversibel – bis dieser Begriff sich schließlich völlig im historischen Nirwana auflöste. Je präziser man nämlich versucht hat, zu definieren, was die Charakteristika der Postmoderne seien, desto mehr ist alles Spezifische im umfassend Allgemeinen der Menschheitsgeschichte versickert, bis feststand, daß bereits der Gott der Schöpfungsgeschichte postmodern gehandelt hatte, als er die Frau aus einer Rippe des Mannes schuf, so wie ein postmoderner Architekt das zeitgenössische Haus erschafft, indem er in ein Betonstahlgebäude ein gotisches Fenster oder eine dorische Säule einsetzt. Genauso könnte man jetzt mit dem Begriff »Globalisierung« verfahren, indem man der Frage nachgeht, seit wann etwas Ganzes, nämlich der Globus, zu einem Ganzwerdenden, nämlich Globalisierten, wird.

Nein, ich meine jetzt wirklich nur dies: das ganz spezifische Ganzwerden der Welt unter unseren sehr konkreten zeitgenössischen Bedingungen. Und hier behaupte ich also und wiederhole: Nichts hat die *Vereinheitlichung* der Welt so radikal befördert wie die neue radikale *Spaltung* der Welt in Gut und Böse.

Dafür gibt es zum Entzücken der Historiker jetzt sogar schon ein historisches Datum, an dem dereinst der Beginn dieser Entwicklung festgemacht werden wird – auch wenn es nicht der wirkliche Beginn ist, sowenig wie der Neujahrsmorgen des Jahres 1492 der Beginn der Neuzeit war. Aber im Sinn des Zäsurendenkens der Geschichtsschreibung können wir durchaus dieses Datum als einschneidend und als letztlich prägend für unsere Zeitgenossenschaft bezeichnen: ich meine natürlich den 11. September 2001.

Der 11. September – können Sie sich noch daran erinnern? Ich meine jetzt nicht das Geschehene, die Fakten, sondern die Kommentare und Interpretationen, die es unmittelbar darauf gab, und die weltpolitischen Konsequenzen, die in kürzester Zeit gezogen waren. Können Sie sich an den Baldachin erinnern, der sofort über unser Leben gespannt wurde und alles, was wir bis dahin glaubten, alles, was wir wußten, alle höchst widersprüchlichen Erfahrungen unserer Lebenszeit und die unserer Eltern, in den Schatten stellte? Können Sie sich *daran* erinnern? Seit diesem Tag, so hieß es und so wird es immer wieder gesagt, sei nichts mehr so wie zuvor. Nun habe ich allerdings bis heute in der Welt nichts gefunden, das jetzt anders als zuvor wäre – bis auf eines: unser Blick auf die Welt. Wir sehen bloß alles, was zuvor war und noch immer genauso ist, anders, nämlich ohne Konturen, ohne Nuancen, also totalitär im negativen Sinn des Begriffs. Alle Konflikte und Widersprüche der sogenannten zivilisierten Welt faßten sich plötzlich zu einem Ganzen zusammen, das, ohne noch einen Widerspruch in sich zu dulden, nur noch »unsere Zivilisation« heißt – die mit aller Gewalt verteidigt werden müsse. Jeder Bruch des Menschen- und Völkerrechts in der zivilisierten Welt ist plötzlich kein Skandal mehr, kein Widerspruch zu unseren Idealen, sondern nur noch dies: »unsere Zivilisation«. Nicht der 11. September 1973, als mit Hilfe der USA die demokratisch gewählte Regierung eines souveränen Staates, nämlich Chiles, weggeputscht, der demokratisch gewählte Präsident Allende ermordet wurde, war ein »Angriff auf unsere Zivilisation«, sondern der 11. September 2001, und alles zuvor, also auch jeder Putsch gegen Demokratien, jedes Marionettenregime unter dem Schutz »unserer Zivilisation«, das alles ist plötzlich »Bestandteil unserer Zivilisation«.

Die institutionalisierte Aufhebung der Demokratie durch die EU – »unsere Zivilisation«. Die immer noch nachwirkende europäische Geschichte des politischen und religiösen Fundamentalismus ist selbst in ihrem Nachwirken noch »Bestandteil unserer Zivilisation«. Alles eins – und es soll nur noch eins geben: Verteidigen! Allerdings nicht unsere Errungenschaften, sondern das System, das sie bei dieser Gelegenheit auch gleich abbaut.

Man kann das ganze Ausmaß moderner Gewalt und ihre Konsequenzen auf unser Handeln und Denken nicht begreifen, wenn man sich nicht diesen ideologischen Wandel unseres Blicks auf die Welt als ganze klarmacht.

Ich habe gesagt, daß sich wesentlich unser Blick auf das Ganze verändert hat – auf eine Weise, daß es für uns unvorstellbar wurde, auch noch in Wirklichkeit etwas verändern zu können. Weil wir, ironische Volte der Globalisierung, in Wahrheit das Ganze schon längst nicht mehr glauben denken zu können bzw. nur noch denken glauben zu können. Um das anschaulich zu machen, blicken wir kurz zurück auf die Geschichte des »Ganzen« als Begriff und Anspruch des aufgeklärten Denkens.

(Jetzt kommt der sogenannte »Hänger«. Bekanntlich hat jeder gute Vortrag einen »Hänger«, weil es nach den Gesetzen der Rhetorik unmöglich ist, gleichsam mit einem Erdbeben zu beginnen und dann immer nur langsam zu steigern.)

Das Ganze war in Wirklichkeit noch nie ein Ganzes, allerdings war es das schon einmal im Denken. In der Blüte des sogenannten System- oder Totalitätsdenkens schien oder war der Nachweis erbracht, daß Wesen und Bedeutung eines jeden Phänomens, letztlich also seine Wahrheit, nur als vermittelte begreifbar sind: das heißt in seinem Vermittlungszusammenhang im Ganzen. Hegels Diktum »Das Wahre ist das Ganze« meinte genau dies: Entweder wir können die Welt *ganz* denken, oder wir versagen selbst bei avanciertesten Forschungsergebnissen vor jedem ihrer Phänomene. Das Totalitätsdenken war die radikalste Abstraktion der konkreten Welt und zugleich die tiefste Verbeugung vor der Realität, die dem menschlichen Denken je möglich war. An einer Stelle schrieb Hegel: »Grabe einen Toten aus und befrage die Made, die an seinem Fleische nagt: Was der Pfaff am Grabe versprochen, hat sie eingelöst – das Leben nach dem Tode. Wäre sie begabt zu Glück, sie wäre dankbarer Christ. Wäre sie Mensch, sie wollte Papst werden. Wäre sie Philosoph, sie würde Tinte ausscheiden, die vom Tod als einem Festmahl kündet. Der Mensch, der Christ, der Philosoph aber, sie alle sind im Gegensatz zu unserer Made unglücklich: weil sie leben und die Glückseligkeit erst im Tode erwarten. Sie sind unglücklich, weil sie der Tote sein wollen und nicht die Made!«

In diesen Zeilen ist Größe und Tragik des Totalitätsdenkens in einem radikalen Bild verdichtet (weshalb man ja auch Hegel als einen der größten deutschen Dichter lesen sollte): Die Hinfälligkeit des Einzelnen (in jedem Wortsinn, wesentlich als Phänomenon), die Aufhebung konkreter Fragestellungen in radikalen Gegensätzen, die erst mitsammen, und dann wieder zusammengedacht mit neuen Gegensätzen und immer so fort ein Ganzes ergeben: Leben und Tod, Mensch und Tier, Glaube und Wirklichkeit und so weiter. Dann: der Versuch der Sinngebung im Sinnlosen – also die Glückssehnsucht des unglücklichen Menschen – vermittelt über seine Glücks- und Trost-Ideologien, hier das Christentum, aber auch alle anderen Religionen, das finale Unglück, Tod und Verwesung – das alles mündet in den schonungslosen Befund eines Denkfehlers in der Selbstreflexion des Menschen: daß er lieber der Tote sein will als die Made, was aber nichts anderes heißt, als daß er lieber dem Uneinlösbaren vertraut (also dem Versprechen auf ewiges Leben) als der Realität (also dem Leben).

Was bleibt, ist der Ehrgeiz der Lebenden, lieber innerhalb eines Denkfehlers die höchste Anerkennung zu erringen (»Papst zu werden«), als dieses System zu überwinden.

Der Ehrgeiz, also die mehr als freiwillige, die gierig beschlossene Abhängigkeit von Anerkennung, ist im Grunde ein Irrweg des menschlichen Stoffwechsels:

damit meint Hegel einen Irrweg im Versuch, die menschlichen Grundbedürfnisse zu befriedigen, also das Stillen von Hunger und Durst, Schutz vor Kälte, überhaupt vor Natur etc. Und doch nennt er es einen »vernünftigen Irrweg«: Er produzierte im System der Befriedigung der Bedürfnisse erst die Unbefriedigtheit als jene Konstante, die den Fortschritt, das Wachsen der Möglichkeiten, damit immer neue Erfahrungen auf den Weg brachte.

Es führt hier zu weit, dies im folgenden vorzuführen: wie aus dem plötzlichen, letztlich banalen Einfall, daß am Ende die Made nagt, im Lauf eines ehrgeizigen Lebens ein komplex vernetztes Denksystem wurde, das als Netz noch das World-Wide-Web übertrifft, weil es, im Gegensatz zu diesem, auch noch über ein überschaubares Inhaltsverzeichnis verfügt.

Nur so viel, um zu zeigen, wie das Systemdenken, wenn man es als Anspruch akzeptiert, noch jeden Zufall, jede Banalität, jeden madenartigen Biß in die fleischliche Realität unseres Lebens sinnvoll in sich aufnimmt: In den zitierten Sätzen aus Hegels Frühschriften überlebt die in Wirklichkeit bald gestorbene Freundschaft Hegels mit Hölderlin im Tübinger Stift. In diesen Sätzen wird auch klar, warum »I can get no satisfaction« von den Rolling Stones der ideale Soundtrack zu Philosophieseminaren ist. Und zugleich ist das Zitat wohl kaum vorstellbar ohne jenen lokalen Rotwein aus Jena, der heute noch unter dem Namen »Hegel-Wein« vermarktet wird und der offenbar nicht nur zu solch luzid-morbiden Metaphern begabt, sondern nach Hegel-Kongressen schon auch mal zu

Handgreiflichkeiten unter Professoren führt – ich selbst habe in Jena, nach gehörig Hegel-Wein, den Faustschlag eines Hegel-Papstes erleben müssen.

Aber noch sind wir nicht bei der spezifisch heutigen Bedeutung von Gewalt und Terror. Ich weiche aus. Das ist nicht nur Bestandteil meines Temperaments, sondern auch Anerkennung des Umstands, daß oftmals nur Umwege zum Ziel führen. Noch sind wir beim Ganzen. Worauf ich zunächst hinauswollte, ist folgendes: Seither hat sich das Ganze doppelt verändert: als Realität und als Begriff.

Als Realität, weil sie gar nicht anders kann. Solange Menschen in allen Weltreligionen, dazu zähle ich auch Politik, Industrie, Wissenschaft und Sport, Papst werden wollen, ist das Ganze nur als Dynamisches ganz. Wenn es auch immer wieder erstarrt erscheint als Momentaufnahme auf einem Weg, der öfter ein Irrweg als zielführend ist. Der Unterschied zwischen der Realität und ihrem Begriff – in jenem Ganzen, das wir Geschichte nennen – ist allerdings höchst signifikant, wenn wir uns etwa folgende Skurrilität unserer Bewußtseinsgeschichte vor Augen halten: Als allein Deutschland in vierzig Kleinstaaten aufgesplittert war (von der Welt gar nicht zu reden), entstand just in Deutschland die Idee, die Welt als ganze zu denken. Aber in dem Maße, in dem sich die Welt zusammenfaßte und vereinheitlichte, also aufs Ganze ging, wurde der Anspruch, das Ganze zu denken, aufgegeben. Als schließlich die Welt nur noch aus zwei gegensätzlichen Blöcken bestand – übrigens die klassische Grundkonstellation des dialektischen, also des Totalitätsdenkens –

wurde das Totalitätsdenken, gegen die realen Erfahrungen dieser Generation, endgültig verabschiedet. Es ist eine der größten Herausforderungen an den menschlichen Geist, zu begreifen, warum just in dem Moment, wo These–Antithese real erlebbar war, der Begriff »Neue Unübersichtlichkeit« aufkam.

Als die Welt auf eine Weise, die wir uns heute kaum noch vorstellen können, zerrissen war, wurde versucht, sie als Ganzes zu denken. Als die Welt sich zu einem Ganzen zusammenfaßte, zerriß das Denken. Hatte Hegel noch gesagt »Eine Meinung ist mein, und kann ich deshalb genauso gut für mich behalten«, so regiert heute die Raserei der Meinungen, in deren uniformierter Zerrissenheit sich nur die Zerrissenheit der Waren-Welt ausdrückt, ohne daß die Welt in ihrem wahren Zusammenhang selbst in den Blick käme.

Meinungen. Jetzt sind wir schon nahe am Terror.

Als schließlich auch die letzte, die vordergründig größte Spaltung der Welt, nämlich ihre Spaltung in zwei Blöcke, überwunden war und sie sich anschickte, unter dem Titel »Globalisierung« *praktisch* eine ganze zu werden, wurde der Anspruch, das Ganze zu *denken*, definitiv verabschiedet. Es ist dies übrigens einer der schlüssigsten Beweise für die Stimmigkeit der These, daß die Wahrheit das Ganze, daß also alles erst mit seinem Gegenteil die Wahrheit ergibt: je präziser das Denken, desto verquaster die Dummheit, die es geriert; je schöner die Ideale, desto niederträchtiger erscheint die Realität; je menschlicher das Bedürfnis, desto entmenschter seine Befriedigung; je genialer der Wurf, desto verworfener seine Nutznießer: Das Scheitern der Idee, eine gerechte Welt zu bauen, wurde weltweit auch bejubelt von den Entrechteten. Das Scheitern des Anspruchs auf Chancengleichheit wurde emphatisch begrüßt auch von den Chancenlosen. Die Trauer mancher Privilegierter, daß der Sieg des Geists gegen Waffen nicht möglich ist, wird verhöhnt von jenen, auf die die Waffen gerichtet sind.

Der ganze Mensch ist der Feind des Menschen ganz.

Der Begriff »Gattung« war, wie schon gesagt, der erste Versuch, im Geist jene Globalisierung herzustellen, die wir nun gegen das Gattungsbewußtsein erleben. Es hetzen nicht mehr Herrscher ihre Völker gegeneinander, sondern Völker ihre politischen Repräsentanten. Der Fortschritt erweist sich plötzlich als Fortschritt *vom* Bewußtsein der Freiheit. Globalisierung heißt: Nicht mehr Gegensätze ergeben ein Ganzes, sondern das Ganze setzt Waffen ein gegen Teile, die sich als Gegenteil des Ganzen erweisen. Noch nie waren Widersprüche so unproduktiv (philosophisch gesprochen) und entmenscht (gattungsgeschichtlich gesagt) wie heute. Nur ein Beispiel: Die USA, jene Macht, die bisher als einzige Atombomben gegen Zivilisten eingesetzt hat, führt heute Kriege mit der Begründung, sie müsse verhindern, daß Atomwaffen gegen die zivile Welt eingesetzt werden. Dazu wird weltweit, so weit »unsere Zivilisation« reicht, genickt. Sogar in Japan.

Wenn die Welt, so sie schon eine ganze wird, nicht in Frieden ganz wird, in einer Spirale der vernünftigen Aufhebung von Widersprüchen, sondern in Widerspruch zu ihrer Vernunftgeschichte nur in einer Gewaltspirale, was bleibt uns dann? Weiterhin mit Hegel zu singen: »I can get no satisfaction ...«?

Nein – und jetzt kommt es heraus, und das ist zugleich das Ende des »Hängers«: Ich halte den Terror, vor dem ich mich natürlich fürchte, zugleich für unsere Rettung.

Der Terror von 11/9 ist unsere Rettung im heute letztmöglichen dialektischen Sinn: Ohne ihn gäbe es nichts mehr, was uns an *uns* erinnerte. Es war dieser Terrorakt, der uns folgende Fragen gestellt hat, die sonst ungefragt gegen uns beantwortet worden wären: Die Abschaffung demokratischer Rechte im Namen des Schutzes der Demokratie – können wir dem zustimmen? Der Abbau von demokratisch erkämpften Errungenschaften unter dem Vorwand des Schutzes der Demokratie und »unserer Zivilisation« – wollen wir das wirklich verteidigen? Unsere demokratischen Ideale mit Waffengewalt zu exportieren, während wir eben diese Ideale zu Hause sanft in den Tod begleiten – können wir das wirklich akzeptieren? Es ist alles gut, was die Guten tun – aber tut uns wirklich gut, was die Guten uns antun?

Wie immer wir diese Fragen beantworten, wahrscheinlich jetzt mit Nein, im Alltag wieder mit Ja – da ist plötzlich ein Riß, den wir nach Ende der Blöcke so nicht gesehen hätten. Was bleibt da zur Selbstlegitimation unseres Lebens, wenn wir durch diesen Riß hindurchschauen?

Nur noch der »Terror«: Er ist der letzte und stärkste Kitt zur Verewigung unseres Systems und zugleich der letzte und definitive Antrieb zu dessen Überwindung. Denn er ist der letzte *wirkliche und wirksame* Widerspruch, die einzige globale – also dort, wo es Sinn macht – noch existierende Antithese. Allein deshalb, weil die ideologische Moralisierung unserer Welt ihn allein als Antithese zuläßt, ja, weil sie ihn geradezu benötigt. Das ist das qualitativ Neue. Die gesellschaftliche Situation Deutschlands in den 70er Jahren zum Beispiel hat, salopp gesagt, den RAF-Terror nicht unbedingt zu ihrer Konsolidierung benötigt. Oder die Terror-Anschläge der Palästinenser – sie waren, wenn Sie ehrlich sind, für Sie in Ihrer Lebenszeit und in Hinblick auf Ihr Leben doch nichts anderes als ein Popcorn-Geräusch in den Nachrichten, Detonationen als ein regelmäßiges fernes Plop-Plop – oder die Terror-Akte des Sendero luminoso, sie schafften es nicht einmal »kurz notiert« in unsere Medien. Sie alle aber sind historisch und soziologisch zu erklären, jedoch – und das ist der Unterschied – sie haben auf keinen Fall jenen genützt, gegen die diese Terrorakte gerichtet waren. Heute aber, nach dem 11. September 2001, ist der Terror nicht nur der stärkste, sondern geradezu der einzige Konsolidierungsgrund unserer Zivilisation. Er nützt dem System mehr, als er ihm schadet. Durch diesen Terror als allgegenwärtige Bedrohung wird unser System sogar von jenen verteidigt, die selbst ein objektives Interesse daran hätten, es zu überwinden. Es gäbe keinen Vernunftgrund, der imstande wäre, eine so umfassende und bedingungslose Zustimmung zu unserem System und zu seiner Verteidigung zu organisieren, wie es der internationale Terror heute tut. Der Abbau von Freiheitsrechten und einer Reihe von sozialen Errungenschaften, wie er zur Zeit in der westlichen Welt stattfindet, müßte massiven Widerstand gegen unser

System hervorrufen, tatsächlich aber wird dieser Abbau hingenommen, weil er als notwendig für den Widerstand gegen den Terror verkauft wird. Der Terror bewirkt, daß wir verteidigen, wogegen wir Widerstand leisten müßten, und daß wir diese Verteidigung mit Mitteln organisieren, die immer mehr das zerstören, was wir zu verteidigen glauben, aufgeklärte Standards, soziale Gerechtigkeit, Freiheitsrechte. Die schönsten bürgerlichen Ideale hatten es nie vermocht, eine so grundsätzliche Bereitschaft zur Verteidigung des Kapitalismus zu erwirken, wie es jetzt dem Anti-Terror-Krieg gelingt, in dessen Schatten die bürgerlichen Ideale nun entsorgt werden.

Die Ideale! Jetzt wird es abenteuerlich – aber ich muß es sagen, nachdem ich zwischen dem Schreiben des letzten Satzes und dem nun folgenden mehrere Stunden bloß mit Kettenrauchen und fassungslosem Staunen verbracht habe: Nimmt man unsere Ideale beim Wort, dann muß man eine schockierende Feststellung machen: Die Terroristen sind die zeitgenössisch konsequenteste, die radikalste Verwirklichung unseres eigenen Ideals einer bürgerlichen Existenz. Im Sinn des bürgerlichen Entwicklungsromans ebenso wie im Sinn des aufgeklärten Ideals des Menschen ganz. Im Grunde ist der Selbstmordattentäter deshalb so beunruhigend, weil er im Licht unseres Selbstverständnisses etwas so einfach Verständliches wie zugleich völlig Unverständliches ist: nämlich unser Spiegelbild, unser seitenverkehrtes Selbstbild. Betrogen wie wir, ideologisch verführt wie wir und mißbraucht wie wir, geht der Selbstmordattentäter im Gegensatz zu uns und gegen uns aufs Ganze – d.h., er ist in seiner Praxis, was wir bloß ideologisch sind: das umfassend entfaltete Individuum: einzigartig und auslöschbar, beides bejahend. Seinen gesellschaftlichen Sinn, seine gesellschaftliche Aufgabe mit aller Konsequenz suchend, im Vertrauen auf ein Leben im Jenseits. Er will kein Ganzes als bloßen Verblendungszusammenhang, er geht verblendet buchstäblich aufs Ganze, setzt Leben und Tod in eins, ist zugleich Täter und Opfer. Er weiß, was er tut, und tut es trotzdem. Er ist der grüne Heinrich in radikaler Übertreibung, er ist der Werther in letzter Konsequenz. Er ist Hans Castorp, zu plötzlichem Aktivismus erwacht. Er ist, übersteigert, was wir nur im Selbstbild unserer Ideale sind – ein ganzer Mensch in Leben und Tod. Und dabei extrem zeitgeistig: nämlich mit mittelalterlicher Konsequenz.

In der Praxis sähe die Einlösung unserer Ideale und Ansprüche natürlich anders aus als die des Selbstmordattentäters. Als Zerrspiegelbild aber ist er das letzte und einzige reale Bild, das uns an uns selbst erinnert bzw. an das, was wir vernünftig wollten: aufs Ganze gehend einen Zustand zu schaffen, in dem wir als ganze Menschen unser Glück finden.

Jetzt sehen wir zum Vergleich wieder uns selbst an. Ich mache das jetzt stellvertretend für Sie. Ich blicke in den Spiegel, betrachte mich – was sehe ich, wenn ich mich im Unterschied zum Terroristen und zugleich als Typus, stellvertretend für Sie, wahrzunehmen versuche?

Ich sehe einen Menschen, der ungefähr so alt ist wie unser Friede. Einen Menschen in der zweiten Hälfte seines Lebens, der sich bereits als ganzen Menschen verloren hat: Er kann sich selbst nicht mehr ganz denken. Wesentliche Ereignisse seiner Lebenszeit hat er vergessen, auch wenn sie nachwirken, seinen unausweichlichen Tod verdrängt er noch, auch wenn er sich in vielerlei Symptomen bereits ankündigt. Vergangenheit und Zukunft sind ganz im Heute aufgegangen, weshalb er jedes Problem als ein bloß heutiges sieht, und nicht als Konsequenz seiner bisherigen Biographie und erst recht nicht als einen weiteren Schritt zu seinem unausweichlichen Ende.

Er kann sich nicht mehr wirklich in den hineinversetzen, der er als Jugendlicher gewesen ist, aber er will sich hier und heute noch einmal als Jugendlicher neu erfinden – aber, selbst wenn er sich einen Fitneß-Club leisten kann, ist er doch nur mit jeder Woche, die mit den entsprechenden Anstrengungen vergeht, wieder eine Woche älter geworden. Was er an Erinnerungen und Glaubenssätzen, Erfahrungen und akkumuliertem Wissen abrufbar in seinem Kopf hat, kann so widersprüchlich gar nicht sein, daß er sie nicht doch ganz als unveräußerlichen Bestandteil seiner Identität empfindet, schließlich kann man das eine in diesem Fall, das Gegenteil in einem anderen brauchen, und beide Male kann man authentisch dazu »Ich« sagen. Und wenn er doch etwas veräußert, was ihm zuvor noch unveräußerlich schien, dann ist auch dies noch unveräußerlicher Bestandteil seiner Identität: zu der ja auch »die Flexibilität« gehört – die er auch noch mit irgendeinem der widersprüchlichen Bewußtseinsströmer begründen kann, die auf dem Moder des Vergessenen und Verdrängten in seinem Kopf noch bereitliegen. Er sagt »ich« und weiß doch nicht, was er ist. Er hat auf seinem Weg mehr verloren als gewonnen. Und was er noch will, ist, daß er alles, was er verlieren wird, möglichst sanft verliert.

So sind wir, oder? Bevor Sie nicken: So sind wir nicht. So sind wir in einer bestimmten historischen Situation, nämlich heute, am gegenwärtigen Stand der bürgerlichen Gesellschaft, und das ist doch etwas deutlich anderes, als das sich entfaltende Individuum, das wir aus den bürgerlichen Entwicklungsromanen kennen. Ebendeshalb, weil die Voraussetzungen und Bedingungen unseres Lebens andere geworden sind. Und warum soll etwas von Menschen Gemachtes anders funktionieren als die Menschen jeweils selbst? Die Geschichte der bürgerlichen Gesellschaft und des kapitalistischen Wirtschaftens haben wir vergessen oder verdrängt, lediglich einige widersprüchliche Glaubenssätze haben wir bewahrt und abrufbar bereit, und ihr Ende ist uns unvorstellbar oder uns bloß als Ende gleich der ganzen Menschheit, als Apokalypse, vorstellbar. Unser Wissen in der Praxis und als Grundlage unseres Handelns beruht auf den Erfahrungen unserer eigenen Lebenszeit – von der wir aber selbst zwei Drittel schon wieder vergessen haben. Was vor uns liegt, ist der Rest unserer Lebenszeit mit einem ausgeblendeten Ende, den »Tod des Systems« aber sollen wir mit allen Mitteln verhindern. Das ist der Stand der Dinge.

Es ist Ihnen wahrscheinlich nicht aufgefallen, aber ich habe jetzt die ganze Zeit über Literatur gesprochen: Ich habe in einer Denkbewegung etwas versucht, was

Anspruch der Literatur und bewußter Anspruch engagierter Literatur ist, nämlich den Kreuzungspunkt zu finden, in dem das gesellschaftlich Ganze und unsere je individuellen Erfahrungen und Möglichkeiten sich zu jener Typik zusammenfassen, der ich zu Beginn den Namen »Ich« gegeben habe, die aber in Wahrheit zu einer literarischen Figur werden sollte.

Da steht sie jetzt, als das Spiegelbild, das ich eben beschrieben habe. Und jetzt gehen wir mit ihr nochmals in die Pik-Dame-Bar. Und da sitzt er, dieser Kerl mit den Speckhüften und dem rosig dumm-selbstverliebten Gesicht, mit Freunden, und schreit heil Hitler! Und das ganze Rudel singt das Horst-Wessel-Lied.

Das habe ich unlängst erlebt.

Und was macht unser Spiegelbild?

Natürlich nichts.

Nichts. Das ist die ganze Wahrheit.

Nichts ist geschehen. Es wäre auch unerheblich gewesen, angesichts dessen, was geschieht.

V
Die Rettung des Menschen
durch die Zerstörung der Welt

Sehr geehrte Damen und Herren!

Ich muß Ihnen heute etwas gestehen:
ICH BIN GOTT.

Das ist weder Lästerei noch Größenwahn, sondern zunächst nichts anderes als die gedanklich letzte Konsequenz des vernünftigen Anspruchs eines jeden schöpferischen Geists: Er will eine Welt erschaffen, in der Menschen wandeln können und in der sie die Lust wandelt. Und auch wenn der schöpferische Geist naturgemäß nicht allmächtig ist, so ist er doch wirksamer als der Allmächtige, sogar dann, wenn der schöpferische Geist von der FAZ widerlegt wird, was dem Christen-Gott bekanntlich nie passiert. Objektiv nämlich ist Gottes Allmacht völlig wirkungslos, daher leicht zu überbieten. Stellen Sie sich zum Beispiel folgende Frage: Wenn Gott allmächtig ist, kann er dann einen Stein erschaffen, der so schwer ist, daß er selbst ihn nicht mehr heben kann?

Wenn er das in seiner Allmacht kann, ist er sofort auch mit seiner Allmacht am Ende. Wenn er seine Allmacht aber darin erweisen will, daß er jeden Stein heben kann, dann erst recht. Also wird er nichts tun.

Wer also ist wirksamer, daher mächtiger? Wer bewegt mehr, kann mehr Funken fliegen lassen? Der schöpferische Geist, der eine solche Frage stellen kann, oder der in seiner Allmacht untätige und in seiner Not schweigende Gott?

Und jetzt betrachten wir nochmals die Welt als Schöpfung.

Millionen Jahre nach ihrer Erschaffung oder Entstehung herrschten Irrsal und Wirrsal, hebräisch Tohuwabohu. Dann, vor fünf Wochen, begann ich mit meinen Vorlesungen. Und ich schied Licht und Finsternis, das Aufgeklärte vom Vernebelten. Ich drängte zurück das Verwässerte, schuf festen Boden und schickte auf den Weg eine Figur. Diese Figur war zunächst eine Denkfigur, ihre Bewegung eine Denbkbewegung. Diese Figur schuf ich nach dem Ideal des bürgerlichen aufgeklärten Individuums, zugleich nach meinem Ebenbild: sie war schöpferisch – und prompt schöpfte sie Verdacht. Sie sah, daß es nicht gut war. Im Lauf der Vorlesungen erlebte die Figur gemäß den Schriften also folgendes: Es wurde ihr gesagt, daß das Leben schicksalhaft sei. Aber sie lernte, daß es das nicht ist, ja mehr noch, dass es das nicht sein darf, um Leben genannt werden zu können. Sie lernte, daß es keinen Fortschritt gibt, den sie nicht im Bewußtsein des Fortschritts selbst herstellt. Sie lernte, daß es zwei Formen des Fortschrittsglaubens gibt: Der eine hält die Geschichte für abgeschlossen und Fortschritt nur noch für eine Frage der Entwicklung der Dingwelt, der Vergrößerung des Warenangebots, die immer mehr Möglichkeiten zur Erleichterung des Lebens schaffen werde. Aber meine Figur sah, daß dieser von den Menschen auf die Dinge übertragene Fortschritt die Menschen nicht befreit, sondern, im Gegenteil, die Menschen und ihre Ansprüche immer konsequenter der Logik der Warenproduktion unterwirft und folgerichtig eine wachsende Anzahl von Menschen aus dem Markt hinausdrängt, sie damit der Möglichkeit beraubt, selbstbestimmt ihr Leben zu machen. Andererseits lernte sie, daß auch der andere Fortschrittsglaube sich als Irrtum herausgestellt hat, der Glaube nämlich, daß es eine Geschichtslogik gebe, die gleichsam automatisch den Weg ins Freie öffnen werde, weil es eine Klasse gebe, die nichts zu verlieren habe als ihre Ketten, und es daher in ihrem Interesse liege, das System zu überwinden. Aber diese Klasse hat ihre Ketten bloß billig vergoldet – und muß ihre Goldketten schon heute ins Pfandhaus tragen.

Die von mir erschaffene Figur hat also gelernt, daß es zur Befriedigung ihrer Begierden, so gesellschaftlich notwendig sie auch wären, keinen gesellschaftlichen Rückhalt in Form einer bestimmten Klasse oder einer sozial präzise definierbaren gesellschaftlichen Bewegung gibt – weil weder das Bürgertum Interesse daran hat noch die Arbeiterklasse die Möglichkeit, das System unserer wirtschaftlichen Lebensorganisation zu überwinden, im Sinn der Überwindung ihrer Defizite. Mehr noch: Die Bürger, die einst bereit waren, die Freiheit um jeden Preis zu erkämpfen, koste sie, was sie wolle, ersetzen sie heute durch restriktive Kostenkalkulation, während die organisierte Arbeiterklasse sich nicht einmal gegen den Abbau ihrer bisher errungenen Freiheiten wehren kann. Und begleitet wird das von Medien, die tosend oder raunend Hohn verbreiten gegenüber jenen, die sich noch als Individuum im Sinn der Ideale, wie sie im Schul-Lehrplan stehen, zu begreifen versuchen. Wie oft müssen Menschen noch vor laufender Kamera vorgeführt, ausgezogen, zerstückelt und weggeschafft werden, das alles natürlich nur im übertragenen Sinn (deshalb sprechen wir ja bei einer Fernsehsendung von einer »Übertragung«), wie oft und bis zu welchem Ende dieser unerträglichen Monotonie muß das Zerstörte immer weiter zerstört werden, bis auch die bürgerlichen Zeitungen sich davor zu fürchten beginnen, was aus ihren Idealen geworden ist? Wie kann eine bürgerliche Zeitung, nach allen Kämpfen, die zur Durchsetzung der Pressefreiheit notwendig waren, in ein und derselben Ausgabe den Kampf um die Einlösung der bürgerlichen Ideale als »Sackgasse« verspotten (FAZ, 9. Mai 2005, auf Seite 41) und einige Seiten weiter (Seite 53) den Massenmörder Henry Kissinger völlig ironiefrei als »großen Staatsmann« bezeichnen? Gäbe es bürgerlichen Rechtszustand in diesem Land, wäre Kissinger nach seiner Ankunft in Deutschland verhaftet und dem europäischen Gerichtshof in Den Haag überstellt worden. Gäbe es Demokratie in Deutschland, dann wäre Ministerpräsident Roland Koch, der nicht und nicht aufhören konnte, Henry Kissinger abzubusseln, morgen abgewählt. Gäbe es in den Kreisen unserer hilflosen politischen Eliten so starke Frauen, wie wir sie zum Glück alle aus unserem Alltag kennen, dann hätte Roland Koch morgen die Scheidung und nicht ein Erinnerungsfoto mit Henry und einer grinsenden Anke.

Die Rede, die Kissinger, der Organisator des

11. September 1973, vorgestern ungestraft in Darmstadt halten durfte, hieß: »Plädoyer für eine Wertegemeinschaft«!

Die von mir erschaffene Figur hatte mittlerweile auch Werte und Preise studiert, entwickelte einen Hang zu Depressionen, aber sie ging weiter auf ihrem Weg und lernte, daß sie sich auch nicht mehr auf die demokratischen Institutionen verlassen kann, die doch das gesellschaftlich Vernünftige und Notwendige nach und nach durchzusetzen versprochen hatten. Denn die demokratischen Staaten haben mittlerweile eine übergeordnete Instanz zur Abschaffung der Demokratie geschaffen und sich durch Verfassungszusätze verpflichtet, im wesentlichen nur noch die Entscheidungen dieser demokratisch nicht legitimierten Instanz umzusetzen. Durch diese Selbstabschaffung der Demokratie ist die Politik als gesellschaftliche Interessenspolitik gezwungen, vor den Interessen des Kapitals das Feld zu räumen. Keine demokratisch legitimierte Regierung kann mehr die Interessen der Wähler befriedigen, einen wie immer gearteten gesellschaftlichen Interessensausgleich herstellen, sondern hat nur noch die Aufgabe, einen Satz monoton zu wiederholen, der allerdings systemimmanent wahr ist: »Wir haben keine Alternative!«

Der Kapitalismus, einst gemeinsam mit der Demokratie auf die Welt gekommen und durch diese legitimiert, sprengt alle Fesseln, zerstört also auch die Demokratie, wenn er sie als Fessel empfindet.

Der Mord des Kapitalismus an der Demokratie ist ein Brudermord. Damit lernte meine Figur das neue

Evangelium der Moderne kennen, die Begründung dafür, warum wir trotz all unserer Anstrengungen nicht im Paradies leben, obwohl wir es auf dem heutigen Stand der Produktivkräfte jederzeit herstellen könnten: Der schöpferische Geist fragte den Kapitalismus: »Wo ist die Demokratie?«, und der Kapitalismus antwortete scheinheilig: »Bin ich ihr Hüter?«

Und meine Figur hört in den langen Korridoren der Geschichte nur Höllengelächter, wenn die Europahymne erklingt: »Alle Menschen werden Brüder.« Ja, das ist die Wahrheit. Alle Menschen werden Brüder wie Kain und Abel, wie Kapitalismus und Demokratie.

Und meine Figur wanderte weiter, wieder um eine Erfahrung reicher, um eine Hoffnung ärmer.

Wenn der Kapitalismus alle Bedingungen, die seine Vernunftgründe waren, zerstört, dann kann er nur noch den bedingungslosen Glauben als sein Fundament setzen, nun macht er sich also breit auf dem Felsen der Religion, um darauf seine eigenen Kathedralen zu bauen und seine Kriege als Religionskriege zu führen. Der Glaube allein aber kann die Menschen nicht zu vernünftigem Handeln, sondern nur zu moralischem Handeln anleiten. Nun hat meine Figur es daher auch mit moralisch begründetem Handeln versucht, um festzustellen, daß die bloße Moral nicht nur die Anforderungen gesellschaftlicher Vernunft nicht ersetzen kann, sondern diese sogar in ihr Gegenteil verkehrt: sie führt eher zu Gewalt und Terror als zu sozialer Gerechtigkeit und Frieden. Die bloße Moral schaltet die Vernunft aus und kann daher nur unvernünftig sein. Das hat meine Figur hier, vor Ihren Augen, erlebt.

Erinnern Sie sich?

Andererseits: Kann es unter den beschriebenen Bedingungen Erinnerung überhaupt noch geben? Als Produktivkraft steht die Erinnerung heute im Museum neben dem Spinnrad und der bronzenen Axt, denn die heutigen Produktionsverhältnisse benötigt Erinnerung nicht mehr, ihr genügt das gespeicherte Wissen auf den Festplatten. Deshalb wird heute unser Bildungssystem zerstört und durch ein Ausbildungssystem ersetzt – und Sie wissen: das Gegenteil von Bildung ist bloße Ausbildung.

Als Kulturleistung sind Erinnerung und Gedächtnis ritualisiert, also Teil der religiösen Riten geworden, die sich in Kranzniederlegungen ausdrücken, an bestimmten Kalendertagen an bestimmten sakral gewordenen Gedenkorten.

Das geschieht an Sonntagen. Aber welche Möglichkeiten hat meine Figur an den Wochentagen? Wie kann sie ihre Bedürfnisse und Interessen in die stattfindende Entwicklung einbringen, wie kann sie teilhaben am politischen, gesellschaftlichen oder gar globalen Entwicklungsprozess? Welche Möglichkeiten hat der Einzelne, seinen Interessen Ausdruck und Nachdruck zu verleihen? Er kann wählen gehen. Er kann bei Wahlen politische Repräsentanten mit dem Mandat versehen, seine Interessen zu vertreten. Aber meine Figur mußte die Erfahrung machen, daß sie immer dann, wenn sie die Wahl hat, ihre Interessen und Bedürfnisse nur *abwählen* kann. Sie will die Sicherung und den Ausbau des Sozialstaats? Wen immer sie wählt, der Sozialstaat wird abgebaut. Sie will Verteilungsgerechtigkeit? Wer immer die Mehrheit erhält, die Schere zwischen Reich und Arm wird größer. Sie will ein gutes Gesundheitssystem, bessere Bildungschancen? Es ist keine Regierungskonstellation denkbar, die ihr das gibt. Aber jedwede gewählte Regierung wird schrittweise Gesundheit zu einem knappen Gut, Bildung zu einem Privileg machen, und die Mehrheit der Wähler nach und nach zu siechenden Heloten. Alles andere sei zu teuer. Alles andere sei gegen den »Trend«, gegen die Anforderungen der Globalisierung, gegen den Zwang zu Einsparungen, die »Wettbewerbschancen« sichern soll – die immer mehr Menschen chancenlos macht. Wahlen bieten Alternativen, wobei aber alle konkurrierenden Parteien sagen, daß sie keine Alternativen hätten. Wahlgänge wurden ebenfalls zu quasireligiösen Riten, ihr Sinn aber vergessen: nämlich politische Mandatare mit Legitimation zur Durchsetzung gesellschaftlicher Interessen auszustatten. Wozu dann noch Wahlen? Wahlen kosten Geld. Allerdings sind die Kosten, die durch regelmäßige Wahlgänge entstehen, eine vergleichsweise billige Investition, gemessen an den Einsparungen, die die gewählte Regierung, von den Wählern legitimiert, dann den Wählern gegen ihre Interessen abverlangen kann. Warum sind diese Einsparungen notwendig? Warum fehlt Geld im öffentlichen Haushalt? Beziehungsweise, wohin geht eingespartes Geld?

Seit 1945 ist bis heute kein Jahr vergangen, das nicht Wirtschaftswachstum aufwies. Es gab wohl Jahre, in denen das Wachstum hinter den Erwartungen zurückgeblieben ist, aber das ändert nichts am empirisch überprüfbaren und bestätigten Sachverhalt, daß es kontinuierliches Wachstum des gesellschaftlichen Reichtums gab. Zugleich gab es seit etwa fünfzehn Jahren kein Jahr, in dem nicht mehr oder weniger massive Kürzungen in einem der Bereiche des Sozialstaats, also bei Bildung, Gesundheitsvorsorge, Alterssicherung und so weiter, vorgenommen wurden. Diese Kürzungen sind im Staatshaushalt nicht damit begründet, daß der Sozialstaat zu teuer geworden ist, denn dessen Kosten sind aliquot zur stetig wachsenden Wirtschaftsleistung gestiegen. Die Kürzungen sind in Wahrheit auch nicht mit dem sogenannten »Bevölkerungspyramiden-Argument« zu erklären (zu wenige Junge, zu wenige Beschäftigte, zur Finanzierung von zu vielen Älteren und Nichtbeschäftigten), ein Argument, das auch durch gebetsmühlenartige Wiederholung nicht wahrer wird, auch wenn heute selbst die, die für dumm verkauft werden, dazu nicken, um nicht für dumm gehalten zu werden – denn es geht überhaupt nicht um die numerische Anzahl der Jüngeren, sondern um deren Produktivität. Heute produzieren fünf Beschäftigte, wofür vor fünfunddreißig Jahren noch hundert notwendig gewesen sind. Das heißt, man könnte noch mehr Jüngere beschäftigungslos machen und immer noch wachsenden Reichtum produzieren, und genau das ist es ja, was das Kapital beschäftigungspolitisch zu Lasten des Staates heute beweist. Eine politisch geförderte Umdrehung der Bevölkerungspyramide würde nur die Arbeitslosenrate erhöhen, und mitnichten den Sozialstaat besser finanzierbar machen. In Wahrheit sind die Kürzungen in allen Bereichen des gesellschaftlichen Gemeinwohls im Staatshaushalt nur aus einem einzigen Grund notwendig bzw. geradezu erzwungen worden: weil das Kapital seinen Anteil am Gemeinwohl nicht mehr zu leisten bereit ist. Die großen Unternehmen in den sogenannten westlichen Demokratien, auch und gerade hier in Deutschland, sind per Ministerweisung oder auch bloß stillschweigend steuerbefreit. Und daß die Einkommenssteuer der etwa bei Siemens Beschäftigten den Sozialstaat nicht finanzieren kann, wenn Siemens bei wachsenden Gewinnen selbst befreit ist von Steuern und Abgaben, ist rechnerisch wahrlich kein Wunder.

Zum erstenmal seit Kriegsende 1945, also der Zeit der großen Lehren und emphatischen Schwüre, wird heute, gegen die damals gezogenen Lehren und gegen die damaligen heiligen Schwüre, staatliche Wirtschaftspolitik nicht nach volkswirtschaftlichen, sondern nach betriebswirtschaftlichen Kriterien gemacht. Das würde ich ja gerne einmal auf den Wirtschaftsseiten unserer großen Intelligenzblätter lesen: eine Darstellung dieses Phänomens, das alle Bedingungen erfüllt, um für eine Zeitung interessant zu sein: Es ist neu und es ist skandalös und es betrifft alle. Noch einmal: Zum erstenmal in der Geschichte der demokratischen Staaten und im totalen Gegensatz zu der Grundlegung der europäischen Demokratien nach Kriegsende 1945 wird heute staatliche Wirtschaftspolitik nicht nach volkswirtschaftlichen, sondern nach betriebswirtschaftlichen Kriterien gemacht. Es wird nicht verheimlicht – aber auch nicht in unseren Medien kommentiert oder gar analysiert. So müssen wir also die Konsequenzen dieses Sachverhalts lediglich erleben, von den Medien bloß darüber informiert, wie die politischen Würdenträger diese Entwicklung moderieren. Was ist das für eine Welt, in der es eines Dichters bedarf, um Sie auf solch ein Phänomen, das Ihr Leben stärker betrifft als die Marke Ihres Handys, hinzuweisen? Ich will, verdammt noch mal, Romane und Liebesgedichte schreiben!

A propos: wenn man einmal die politischen Würdenträger selbst als literarische Figuren betrachtet, sie gleichsam »liest«, dann kann man erst ihr ganzes Dilemma erfassen, die Tragödien, die sie in ihrem Glücksstreben objektiv produzieren, und die Schicksalsblindheit, die gerade sie zeigen, die am fatologischen Gewebe zu weben glauben. Nehmen wir ein Ihnen vielleicht vertrautes Beispiel: den deutschen Kanzler Gerhard Schröder.

Bekanntlich ist Schröder nicht zufällig ins Kanzleramt hineingestolpert, weil er gerade vorbeikam, er hat dieses Amt über lange Jahre hinweg konsequent angestrebt. Was glüht in einem Menschen, der das Kanzleramt erobern will, der »da hinein« will? Ehrgeiz, gewiß. Aber warum der Ehrgeiz nach genau diesem Amt? Dafür gibt es nur zwei Gründe: erstens politische Überzeugungen, die danach gieren, umgesetzt, und nicht bloß am Stammtisch oder am familiären Mittagstisch diskutiert zu werden, Überzeugungen, die sich in der einen Überzeugung bündeln, daß man selbst durchsetzen müsse, was man durchgesetzt haben will. Diese Überzeugung ist der stärkste Kick, den man als Citoyen haben kann. Das heißt, dieser Ehrgeiz macht Ernst mit der Gedichtzeile von Anton Wildgans

»Wenn ich, verstehst, was zu reden hätt«, und macht daraus einen Karriereplan. Der zweite Grund ist natürlich, daß das Kanzleramt genau dies zu versprechen scheint: Hier hat man »was zu reden«, in dieser Position kann man, wie in keiner anderen, aus seinen Überzeugungen und Ideen gesellschaftliche Realität produzieren. Gibt es einen anderen, nur einen einzigen weiteren Vernunftgrund, Kanzler werden zu wollen, wenn man nicht genau das will?

Schröder wurde Kanzler. Wir haben gesehen, daß er nur zwei Gründe objektiv für seinen Ehrgeiz geltend machen konnte, um dieses Amt zu erobern. Dann aber mußte er erleben – und ich gehe aus menschlichem Respekt und aus Gründen der literarischen Stimmigkeit davon aus, daß er es nicht schon vorher wußte, obwohl es ihm prophezeit worden war –, nun mußte er also erleben, daß er zwei Ansprüche ablegen muß, wenn er Kanzler sein und bleiben will. Und es sind just die zwei, die überhaupt dazu geführt haben, daß er dieses Amt angestrebt und mit enormer neurotischer Energie auch erobert hat: seine politischen Überzeugungen, konkret seine sozialdemokratischen, mußte er ablegen, und die Vorstellung, daß er etwas zu reden habe, mußte er vergessen. Aus sozialdemokratischer Politik wurde die Bankrotterklärung jeglichen politischen Anspruchs, und aus dem Anspruch, mitreden zu können, wurde die bloße Willfährigkeit des Ja-Sagens gegenüber Interessen, die antithetisch zu den eigenen Überzeugungen sind. Kurz und gut, da saß also Schröder in seinem Amt, mit all seiner Liebe zur Arbeiterklasse, mit all seiner Dankbarkeit für die Chancen, die sie nicht zuletzt einem wie ihm erkämpft hatte, dem ehemaligen Bauhilfsarbeiter, der sich mit vorbildlichem Fleiß, aber eben auch durch die Chancen, die ihm nur ein Sozialstaat bieten konnte, hochgearbeitet hatte, da saß also just dieser Mann mit dieser Biographie, diesen Erfahrungen und diesen politischen Überzeugungen im höchsten politischen Amt, und konnte nichts anderes tun, als – formulieren wir es höflich – das Kapital a tergo zu befriedigen.

Im Vergleich zu Kanzler Schröder, der auf seinem Lebensweg gezwungen wurde, seine Mutter, nämlich die Sozialdemokratie, zu erschlagen, um dann seinen Stiefvater, das Kapital, zu befriedigen, erscheint Ödipus geradezu als heiteres Lustspiel.

Wäre Schröder wirklich nur eine literarische Figur, ich wäre von ihm begeistert, hätte mich in Mitleid und Schaudern gereinigt und wäre nach dieser Katharsis wieder zu vernünftigem gesellschaftlichen Handeln bereit. Leider ist es genau umgekehrt: Schröder wurde wirklich Kanzler, aber ich bin mit all meiner Bereitschaft zu gesellschaftlich vernünftigem Handeln nur eine literarische Figur. Nämlich die, die ich erschaffen und auf den Weg geschickt habe, den Sie im Lauf der Vorlesungen begleiten und mitverfolgen konnten.

Meine Figur, die ich in die Welt gesetzt habe, mußte auf ihrer Wanderung also auch die Erfahrung machen, daß die bloße Moral keine vernünftige Grundlage für gesellschaftliches Handelns sein kann. Und sie ging hinaus in die Welt und sah, daß das kein lokales Problem, nicht bloß ein Phänomen seines zufälligen Lebensortes war, sondern ein globales: weil die sogenannte »Globalisierung«, die stetig verspricht, den Markt der Menschenrechte zu vergrößern, bloß den Markt vergrößert, aber auf diesem wachsenden Markt die Menschenrechte außer Kraft setzt. Da sah meine Figur in den Spiegel – vielleicht erinnern Sie sich – und sah: Sie! Meine Figur hatte plötzlich Ihr Gesicht, sah jeden Einzelnen von Ihnen als ihr Spiegelbild! Sie sah ein ideelles Gesamt-Individuum, das nach einer mühseligen und todesmutigen Geschichte, in der es sich entfalten wollte, am Ende mehr Defizite aufweist als Siege, weniger Hoffnungen hat als Ängste. Und sah sich mit all seinen Defiziten als Bürger einer mühsam erkämpften Demokratrie, die zurückgefallen ist in den leeren Anschein von Demokratie, erlebt die Reste der Aufklärung, auf die sie sich beruft, zurückgenommen in neue Religiösität, sieht ethisches Handeln ersetzt durch leere Moral, und seine Zukunft als Rückkehr in eine von ihren Lehren bereinigte Geschichte, unter dem Titel »Ende der Geschichte«. Sie traf Kassandra und sah, daß sie, die Prophetin, eine Historikerin wurde, die niemand hören will. Das alles haben Sie erlebt und in meinen Vorträgen anschaulich erzählt bekommen.

Kurz: was meine Figur erlebt hat, war im Grunde ein umgekehrter, ein rückläufiger bürgerlicher Entwicklungsroman, ein Rückentwicklungsroman. Ich habe zu Beginn gesagt, daß ich hier keine Poetik vortragen werde. Aber ich habe Ihnen einen Roman vorgetragen – und die Hauptfigur dieses Romans waren Sie! Und zugleich habe ich versucht zu begründen, warum Literatur, wenn sie gesellschaftlich Sinn und

Notwendigkeit beanspruchen will, diesen Roman immer wieder neu erzählen, diese Geschichte mit all ihren Mitteln, Techniken und Formen wiederholen und durcharbeiten muß. Das ist es, was ich unter engagierter Literatur, dem Anspruch nach, heute verstehe. Dafür gibt es, anders als für die engagierten Autoren vor mir, keine soziale Basis, keinen gesellschaftlichen Rückhalt in Form einer Klasse oder Bewegung. Engagement ist daher heute zunächst so einsam und so antithetisch, wie es Spinoza gewesen war, wobei ich »Spinoza«, Sie erinnern sich vielleicht, als Chiffre benützt habe. Und zugleich habe ich mit ebendiesem Anspruch doch auch eine Massenbasis, wie virtuell auch immer, jedenfalls seit Marxens vergeblichem Versuch, die Arbeiterklasse als revolutionäres Subjekt zu definieren, die erste, die heute wirklich revolutionäre Sprengkraft hat: nämlich – Sie!

Jeden Einzelnen von Ihnen, der zunächst nichts anderes will als das, was der Held eines bürgerlichen Bildungsromans will, und der zunächst nichts anderes tut, als den Anspruch der Helden der klassischen bürgerlichen Bildungsromane auf seine Weise und nach seinen Möglichkeiten umzusetzen, nämlich: sich zu bilden und seinen vernünftigen Platz in der Gesellschaft zu suchen.

Würden nur zehn Prozent der Bevölkerung diesen Anspruch, der der bürgerlichen Gesellschaft als leeres Bildungsgut immanent ist, umzusetzen versuchen und würden sie nichts anderes tun, als das beim Wort zu nehmen, was Ihnen Wort für Wort ins Haus geliefert wird – es würde die bürgerliche Gesellschaft, in ihrer heutigen Verfaßtheit, sprengen. Nehmen Sie zum Beispiel den Begriff »Demokratie«. Überlegen Sie, was dieser Begriff in der Praxis bedeutet. Wenn Sie viel Zeit haben, dann studieren Sie die Geschichte dieses Begriffs und die verschiedenen Demokratiemodelle, die entwickelt wurden. Wenn Sie wenig Zeit haben, dann kaufen Sie bloß das utb-Taschenbuch über »Demokratie« und lesen Sie den Klappentext, und wenn Sie gar keine Zeit haben, dann schalten Sie den Fernseher ein und schauen Sie die Tagesschau – aber egal, was Sie tun, Sie werden ab dem Moment, an dem Sie es zu versuchen beginnen, keine wie auch immer geartete Übereinstimmung von Demokratie und Realität feststellen können. Aber Sie werden gerade jetzt, in den nächsten Wochen und Monaten, sechzig Jahre nach Ende unseres letzten selbsterlebten Kriegs, unausgesetzt Floskeln zu hören bekommen, über die Lehren blablabla und Niewieder blablabla und daher Demokratie-EU-Friedensprojekt. Und auch wenn Sie es nicht mehr hören können, hören Sie genau hin und machen Sie sich eines bewußt: daß schon das Minimum dessen, was uns versprochen wurde und was wir heute angeblich feiern, in dem Moment, wo Sie es wirklich einfordern, zum vollständigen Zusammenbruch unseres Systems führen würde. Der Kanzler! Der Präsident! Der Oppositionsführer! Hören Sie sich genau an, was sie sagen. Sie rufen zur Revolution auf. Sie wissen es nicht, aber sie tun es. Aber Sie werden doch Ihrem Kanzler, Ihrem Präsidenten, Ihrem Oppositionsführer glauben! Also, was sitzen Sie da in einem Adorno-Hörsaal herum, wieso sind Sie nicht auf den Barrikaden? Demo-

Die Rettung des Menschen durch die Zerstörung der Welt 131

kratie, beim Wort genommen, und wohlgemerkt bei keinem anderen Wort, als dem, das wir wortreich täglich lesen oder hören – würde Revolution bedeuten. Warum sind Sie nicht auf den Barrikaden und fordern die Verwirklichung des bloß dem Schein nach Verwirklichten: Demokratie. Würden Sie die Demokratie beim Wort nehmen – es würde alles zusammenbrechen, das können Sie mir glauben. Aber Sie tun es nicht. Davon muß ich in meiner Arbeit ausgehen. Was sagt das über unsere Lebensrealität aus? Und, viel beschämender, was sagt das über uns aus, die angeblichen »Helden« unserer Romane?

Wenn wir also den Bildungsroman neu schreiben und Sie alle hier als Helden neu definieren und noch einmal auf den Weg schicken müssen, dann haben wir zum Abschluß den Bildungsbegriff zu überprüfen, um einen Schritt weiterzukommen auf dem Weg, den wir als Romanheld gehen wollen.

Beginnen wir also nicht mit der Erschaffung der Welt, sondern mit ihrer Zerstörung. Vom Tag der Erschaffung der Welt haben wir keine Bilder.

Von der Zerstörung aber wissen wir viel mehr, im Grunde (den wir *ground zero* nennen müssen) alles – und doch zugleich genausowenig wie vom Paradies. Ich bin Gott. Ich sehe meine Welt vernichtet. Vernichtet im Glauben der Menschen. Obwohl sie weiterleben und schaffen. Daher frage ich die Menschen, meine Bildungsromanhelden, nämlich Sie: Wissen Sie noch, wo Sie am 11. September 2002 gewesen sind und was Sie gerade taten, als im Fernsehen immer wieder aufs neue die Zerstörung unserer Zivilsation zu sehen war, wie der Turm brannte und ein Flugzeug in den zweiten Turm des World Trade Center in New York hineinkrachte und explodierte?

Nur damit kein Mißverständnis aufkommt: Ich frage nach dem 11. September zweitausendundzwei, und nicht zweitausendundeins. Ich frage, weil gerade so emphatisch Jahrestage begangen werden, weil also unsere Zeitgenossenschaft wesentlich aus Jahrestagen zu bestehen scheint, nach dem Jahrestag. Also, was haben Sie am ersten Jahrestag, der zugleich der 29. Jahrestag des 11. September war, gemacht?

Die Stammgäste meiner Vorlesungen wissen: Jetzt kommt der berühmte »Hänger«, also jener Teil des Vortrags nach der Rhetorik-Lehre, der – ich zitiere Walter Jens – »den Widerspruch überwinden muß, das Wesentliche in die beginnende Ermüdung des Publikums hinein zu sprechen«. Jens empfiehlt an diesem Punkt der Rede »ein schockhaftes Bild, vergleichbar einem Paukenschlag bei einem Konzert«.

Nun fällt mir kein schockhafteres Bild ein, als das des Flugzeugs, das in den Turm hineinkrachte. Und warum soll dieses Bild ein Jahr später oder heute weniger schockhaft sein?

Ich war am 11. September 2002 zufällig zu Besuch bei meiner Mutter und wollte schließlich dem ewig sich wiederholenden Sohnesunglück, nämlich den bohrenden Fragen nach meiner Lebensführung und den peinigenden Belehrungen über ein gesundes Leben, entkommen, weshalb ich den Fernsehapparat einschaltete. Heute zappeln Söhne nicht mehr am Familientisch, sie zappen. Und ich sah, weil Jahrestag war, die unendlichen Wiederholungen des Terroranschlags: das Flugzeug, Feuer, Rauch, der Einsturz der Türme – und dann begann wieder alles von vorne, ich wechselte dreimal mit der Fernbedienung den Kanal, aber es schien nur noch einen einzigen zu geben, der eine Endlosschleife zeigte, die schließlich den Eindruck vermittelte, daß irgendwo ein Kind mit seinem Joy-Stick saß, das besessen und zunehmend wütend immer neue Flugzeuge auf diese Türme schickte, die wenige Minuten später schon wieder hochaufgeschossen dastanden. Noch einmal und noch einmal wurde wie auf Knopfdruck das Flugzeug losgeschickt, kein Zweifel: es traf sein Ziel, ja: die Türme stürzen ein – das Kind lehnt sich zurück ... Plötzlich stehen die Türme wieder da, als hätten sie sich unter den Flugzeugattacken zuvor nur weggeduckt. Das Kind, stellte ich mir vor, mußte nun verzweifeln, dieses Spiel war nicht zu gewinnen.

Aber das war nur ein Eindruck, nicht einmal ein Gedanke, also eigentlich schon die Kapitulation vor der Macht der Bilder.

Bildmedien zeigen Ansichten – und sie zerstören eben dadurch den Anspruch, den wir stellen: zu Ansichten zu gelangen. Denn wenn der Begriff »Ansichtssache« bedeutet, ein und dasselbe auf verschiedene Weise anzusehen und in der Folge verschieden zu beurteilen, dann hat das Bildmaterial des Attentats vom 11. 9. 2001 und vor allem die Art und Weise seiner Vermittlung auch zu einer semantischen Zerstörung geführt: Diese Ansichtssache ließ keine Ansichten und damit auch keine abweichenden Beurteilungen mehr zu. Natürlich gab es auch Worte, die mit den Bildern verbunden wurden, und man kann es sich ersparen, diese Worte – auch wenn es analytisch korrekt wäre – als das zu bezeichnen, was sie waren, nämlich Floskeln. Viel interessanter ist der Sachverhalt, daß es nicht nur keine Worte gab, geben konnte oder zu geben schien, die den Bildern ganz gerecht wurden – sogar dies wurde angesprochen! –, sondern daß unangesprochen und unbemerkt die Worte so regelmäßig wie unbeabsichtigt das Gegenteil der Bilder aussagten: Während die Worte der Kommentatoren und Analytiker, der Moderatoren und ihrer Interview-Partner sich letztlich in dem Satz zusammenfassen ließen, daß sich dies »nie mehr wiederholen« dürfe – woher kannte ich diesen Satz? –, daß sich dies also »nie mehr wiederholen« dürfe, und wenn man dafür Kriege führen müsse! – wurde auf der Bildebene ausschließlich dies getan: nämlich wiederholt! Das Ereignis, soweit es in Bildern dokumentiert ist, wurde unausgesetzt wiederholt, es durfte, weil es geschehen war, nie in die bloße Faktizität des Geschehen-Seins zurücksinken, weil es illustrativ immer wieder aufs neue geschehen mußte. Und je mehr auch die Gefühle angesprochen wurden, um so mehr wurden auch hier angesichts der ewig wiederkehrenden Bilder ebendiese zerstört: die Gefühle der Hinterbliebenen der Opfer, die Gefühle der amerikanischen Nation, die Gefühle der zivilisierten Menschheit – die Art und Weise, wie sie beschworen wurden, isolierte die Gefühle völlig – sie waren nicht mehr Ausdruck des Innenlebens von Menschen, sondern wurden zur bloßen Tonspur der Bilder. Es wurde ein Jahrestag, ein Erinnerungstag, ein Verarbeitungstag eines großen Traumas zelebriert – und gezeigt wurde doch nur, was gezeigt werden kann: nämlich daß die modernen Medien, daß die heute wirksamste menschliche Kommunikationsform beim Anspruch »Erinnern, Wiederholen, Durcharbeiten« nur eines erfüllen kann: das Wiederholen. »Erinnern, wiederholen, durcharbeiten« – Nur das Wiederholen ist zweifelsfrei technisch herstellbar.

Flugzeuge rasen in Bauwerke, wir schauen zu und sehen nicht nur diese Bauwerke in sich zusammenbrechen, sondern kraft der Aufbereitung und Vermittlung dieser Bilder auch gleich alles implodieren, was in der Geschichte der Aufklärung zumindest ebenso kühn an den Wolken kratzte wie die Türme in New York: die Sprache, die Abstraktion und Verallgemeinerung des sinnlichen Eindrucks, das analytische Denken als Kunst des Unterscheidens, überhaupt: der Bildungsanspruch des Menschen. Wenn sich nämlich die Macht der Bilder darin erweist, daß sie wesentlich dort wirken, wo das Denken aufhört, dann wächst die Macht der Bilder natürlich in dem Ausmaß, in dem es gelingt, diesen denkfreien Raum zu vergrößern – also das Denken zurückzudrängen. Tatsächlich gehorcht heute jeder Gedanke, den wir haben, zunächst nicht der Logik des Denkens, sondern der Logik der Bilder: Wenn ich jetzt zum Beispiel den ersten Artikel der Menschenrechtskonvention zitiere (»Alle Menschen sind frei und gleich an Würde und Rechten geboren ...«), wird jeder aufgeklärte Mensch sofort zustimmend nicken. Dieses Nicken ist noch kein Gedanke, aber immerhin die vernünftige Reaktion auf einen historischen Gedanken.

Wenn ich nun sage, daß der mediale Umgang mit den Ereignissen vom 11. September 2001 den Menschenrechten widerspricht, werden Sie aufhören zu nicken und nur jene Reaktion zeigen, von der ich behaupte, daß sie eine Konsequenz der Bilder ist: Sie werden sagen: »Undenkbar!« Dennoch ist es so: Die Bilder vom 11. September 2001 werden irgendwann einmal als Symbol dafür gesehen werden, daß die Menschenrechte zu Beginn des 21. Jahrhunderts außer Kraft gesetzt waren. Und zwar, das ist historisch einmalig, von jenen, die sich zur Legitimation dafür, daß die Menschenrechte nicht mehr gelten, als Opfer definierten. Denn: Wenn wir mit dem Grauen der New Yorker, dem unermeßlichen Leid der Angehörigen der Toten, dem Schock der US-Bevölkerung mitfühlen, zugleich aber diese unsere Reaktionen gleichsam zur Meßlatte der Solidarität machen, die größtem menschlichen Leid angemessen ist, so wie es uns von den Medien nahegelegt wurde, dann – ja, was dann? Dann sehen wir, daß nicht nur die größte militärische, sondern auch größte Medienmacht der Welt eine Hierarchie der Menschenwürde durchgesetzt hat, die wir alle, auch wenn wir zum ersten Artikel der Menschenrechtskonvention nicken, längst gegen den ersten Artikel der Menschrechtskonvention, in radikalem Widerspruch zur Menschenrechtskonvention verinnerlicht haben. Verfügen wir über Bilder vom unermeßlichen Leid, das Menschen in Chile am und nach dem 11. September 1973 erfahren mußten, Bilder, die weltweite bedingungslose Solidarität mit den Opfern und ihren Angehörigen auszulösen imstande gewesen wären, eine endlos sich wiederholende Sequenz der Bilder, die die vielen tausend Menschen im Stadion von Santiago de Chile zeigen, denen kein anderer Vorwurf gemacht werden konnte als der, daß sie *wählen* waren, und denen die Finger gebrochen wurden, wie dem Gitarristen Victor Jarra, denen bei vollem Bewußtsein die Hoden abgesäbelt wurden wie dem Gewerkschaftsführer Paulo Gonzalez, und Schläge zugefügt, die subjektiv, auf jedem einzelnen Körper, in dem die Milz reißt oder die Leber oder die Lunge oder alles zusammen, wirken wie ein Flugzeugeinschlag, alles das auf Geheiß von dem hier und heute in Deutschland hofierten und unausgesetzt geküßten Herrn Kissinger – haben Sie diese Bilder gesehen? Kennen Sie diese Bilder, die, wenn es sie gäbe, nein, wenn sie unausgesetzt gesendet würden, doch selbstverständliche Zustimmung zu jedweder Reaktion bis hin zu Gegenterror und internationalen Militäreinsätzen erwirkt hätten? Können Sie sich vorstellen, daß Bilder vom unermeßlichen Leid von verhungernden Menschen auf anderen Kontinenten in Bildsequenzen in ewigen Wiederholungen ausgestrahlt werden, bis die Weltöffentlichkeit in breiter Allianz entschlossen ist, dieser massiven Zerstörung der Menschenwürde ein für allemal den Kampf anzusagen? Erwarten Sie, die Bilder einstürzender Gebäude, Bilder von Menschen, die aus diesen Gebäuden springen oder laufen, in stundenlangen Wiederholungsschleifen zu sehen, wenn diese Häuser wegen eines Krieges einstürzen, den Sie auf Grund ganz anderer Bilder als gerecht und notwendig ansehen?

Undenkbar? Ja, das ist es. Und jetzt? Nehmen wir

die Menschenrechte noch ernst, oder begraben wir sie im *ground zero*?

Die Menschenrechtskonvention wurde 1948 nur von zwei UNO-Mitgliedsstaaten nicht unterschrieben: von der Sowjetunion, die es heute nicht mehr gibt – und von den USA. Dies ist aber in Hinblick auf die Macht der Bilder völlig unerheblich, es wäre so, wie es ist, auch wenn die USA unterschrieben hätten.

Der denkfreie Raum – man kann auch sagen: die Bildmacht als Kolonialmacht des Denkens – ist also radikal antiaufklärerisch, trotz des gegenteiligen Anspruchs, den wir an die Bilder stellen und mit dem sie sich auch selbst legitimieren. Grundsätzlich ist jedes Bild, jede Bildsequenz reproduzierbar, unendlich oft wiederholbar. Aber nicht dieser Sachverhalt gibt dem Bild bereits die Macht über das Denken, sondern erst die Wirkung der Wiederholung selbst. Nicht die Entscheidung darüber, welche Bilder gezeigt werden, definiert die Macht des Mediums, sondern die Entscheidungshoheit, welche Bilder wiederholt werden. Ein Bild bleibt Ansichtssache, die Wiederholung erst zerstört sie.

Das althochdeutsche Wort »biliden« bedeutet »nachahmen, wiederholen«. Ein Bild ist zunächst per se schon eine Wiederholung – als Nachahmung von etwas anderem. Die Wiederholung ist im Bild also schon grundsätzlich angelegt. Und es ist die prägende Macht der Wiederholung, die historisch beides auf den Weg brachte: die Bildung, damit das Denken, und eben die Bilder, die das Denken wieder zurückdrängen. Jeder, der Kinder oder Erfahrung mit Kindern hat, weiß, daß sie in einem bestimmten Alter durch die schier ewige Wiederholung des gebieterischen Ausrufs »Noch einmal!« nicht nur die Geduld der Eltern stählen, sondern wesentlich ihre Bildung auf den Weg bringen. Dabei bleibt es lebenslang: Lernen ist zunächst nur durch Wiederholen von Lektionen möglich. Zugleich ist es dem Bildungsbegriff inhärent, daß Bildung, will sie glücken, sich davon wieder befreien muß: Es soll die bewußte regelmäßige Wiederholung in eine unmittelbare, spontane Selbstverständlichkeit des Wiederholten münden, und schließlich will sich das Eingeübte von der bloßen Wiederholung seiner selbst erlösen – als Voraussetzung für freien, selbstbewußten, kreativen Umgang mit dem Gelernten, und damit auch für die Autonomie des Denkens.

Bildung und Bild haben also dieselbe Wurzel, verdanken sich demselben Prinzip: der Wiederholung. Das Bild als Medium aber ging historisch den genau entgegengesetzten Weg: Wiewohl per se schon Wiederholung, fetischisierte es sich zunächst als »Orginal«, als etwas Singuläres und Unwiederholbares. Das Bild beanspruchte für sich, »echt« zu sein und nicht bloß Ersatz für das Echte, das es abbildete. Kunstgeschichtlich war das Bild die Diskriminierung der Wiederholung. Strukturell zeigt sich dies sogar noch in der Geschichte des Fernsehens, also in der avanciertesten Form des Bildmediums: Die Wiederholung war zunächst nicht das Prinzip des Programms, sondern nur seiner Unterbrechung: nämlich der Werbung. Die Wiederholung war medienhistorisch die Einschulung darauf, sich ein Leben ohne das wiederholt Gezeigte nicht mehr vorstellen zu können. Die ewige Wiederholung der Werbefilme, das war klar, wirkte nicht auf das Bewußtsein, sondern auf das Unbewußte, es sollte nicht Gedanken, sondern Kaufimpulse auslösen. Das Programm selbst aber kannte zunächst keine Wiederholungen, ausgenommen strukturell durch fixe Sendeplätze, der Ehrgeiz des Programms war die immer neue Attraktion. Es waren ziemlich simple Erwägungen, die dazu führten, daß die Wiederholung schließlich auch im Programm Einzug hielt: für Schichtarbeiter etwa, die bestimmte Filme nicht sehen konnten, weshalb sie zu einer anderen Tageszeit nochmals gesendet wurden. Im Grunde waren diese Wiederholungen nur dem Namen nach welche. Für die Schichtarbeiter waren sie keine.

Der klassische Widerwille der Programmverantwortlichen gegenüber Wiederholungen, vor allem im Informationsbereich, ist bis heute notorisch: Wenn eine Nachricht, die »nur« eine Nachricht und nicht auch zugleich ein Treibriemen von Machtinteressen ist, einmal, so kurz oder verkürzt auch immer, gesendet wurde, gilt sie im Jargon als »gestorben«.

Den Bildungsauftrag erfüllt das Bildmedium also, indem es Nachrichten einmal sendet. Genau dadurch aber zerstört sie Bildung in ihrem Entstehen: denn diese entwickelt sich nur über die Wiederholung – bis der Gebildete die Wiederholung selbst beendet und über das erworbene Wissen frei verfügt. Die Wiederholung kommt aber nicht. Jetzt zeigt das Bildmedium seine Macht: Es setzt Wiederholungen massiv ein, um in den Raum der zerstörten Bildung vorzudringen und wie die Werbung das Wissen durch Impulse zu ersetzen. Diese Bilder kann dann keiner mehr stoppen, sie gehorchen machtvolleren Interessen als denen des Bildungsideals.

Derselben Wurzel entsprungen, berühren sich Bildmacht und die Macht der Bildung am Ende antithetisch – was Anspruch der Bildung war, nämlich daß die Wirklichkeit der vernünftigen Idee nicht standhalte, wurde von den Bildmedien gegen diesen Anspruch verwirklicht: die Ideen halten den Bildern der Wirklichkeit nicht stand. Die Bildmedien haben nicht das Monopol über die Vorstellungen, aber sie haben in der Welt das Monopol über die Wiederholungen errungen, die aus Vorstellungen Anschauungen und aus diesen erst Weltanschauung machen.

Während die Bilder durch unausgesetzte Wiederholung Mitleid und Solidarität mit den Opfern des Anschlags vom 11. September 2001 evozierten, wurde ein neuer Krieg vorbereitet, der wiederum unzähligen unschuldigen Menschen das Leben kosten sollte. Davon machen wir uns kein Bild, während die Bilder die Zustimmung dazu organisieren. Wir nicken nur noch.

»Ich kann das nicht mit ansehen«, sagte meine Mutter.

Ich weiß nicht, ob Walter Jens mit diesem Übergang zufrieden wäre, jedenfalls: »Ich kann das nicht mit ansehen«, sagte meine Mutter. Ich nickte, und sie schaltete den Fernsehapparat aus. Sie muß das auch nicht mit ansehen. Die Bilder sind schon längst nicht mehr im Gerät, sondern in unseren Köpfen. Und ich werde traurig. Wie schnell dieser Vortrag plötzlich zu Ende geht!

Ich habe hier versucht, eine Figur zu erschaffen, die

nicht mehr nickt. Ich habe versucht, dieser Figur Ihr Gesicht zu geben. Ich will diese Figur immer wieder aufs neue auf den Weg schicken. Ausgestattet mit Ihren Hoffnungen, Ihren Gefühlen, Ihren Erfahrungen. Engagement ist heute nichts anderes, aber immerhin das: die Dingwelt wieder mit Menschen zu besiedeln, Figuren zu schaffen nach Ihrem Ebenbild.

Politik heißt nichts anderes und soll nichts anderes heißen, als: das richtige Handeln in der Polis. Und Poetik heißt nichts anderes und soll nichts anderes heißen, als: Selbsterfindung. Also beende ich meine Poetik-Vorlesung mit der Frage: Was also ist eine politische Poetik?

Ich sagte heute zu Beginn: Ich bin Gott. Ich wäre stolz, wenn Sie jetzt begriffen hätten, daß dieser Satz bedeutet: SIE sind Gott. Sie sind die Schöpfer Ihrer Lebensrealität. Sie müssen die Welt zerstören, um sie erschaffen zu können. Eine Welt, in der die Begriffe und die Realität endlich identisch sind. Ihnen wurde von der BILD-Zeitung gesagt: »Wir sind Papst!« Und Ihre Antwort ist: »Nein, wir sind Gott!«